La communication médiatique

Guy Lochard
Maître de conférences en sciences de l'information et de la communication à l'université Paris-III-Sorbonne nouvelle

Henri Boyer
Professeur de sciences du langage à l'université Paul-Valéry de Montpellier

MÉMO

Seuil

MÉMO

Collection dirigée par Jacques Généreux et Edmond Blanc

Extrait du catalogue

LETTRES – FRANÇAIS

18. *Aborder la linguistique.* Dominique Maingueneau
19. *Les Grands Courants de la critique littéraire.* Gérard Gengembre
20. *Les Termes clés de l'analyse du discours.* Dominique Maingueneau
21. *Les Termes clés de l'analyse du théâtre.* Anne Ubersfeld
22. *L'Analyse des récits.* Jean-Michel Adam et Françoise Revaz
23. *L'Argumentation.* Christian Plantin
24. *Le Comique.* Jean-Marc Defays
25. *La Conversation.* Catherine Kerbrat-Orecchioni
26. *Le Roman.* Gilles Philippe
27. *Commentaire composé et Explication de texte.* Nathalie Marinier
28. *La Dissertation littéraire.* Hélène Merlin
46. *Aborder la poésie.* Hédi Kaddour
62. *Les Romans de Giono.* Véronique Anglard
63. *Réalisme et Naturalisme.* Gérard Gengembre
64. *La Phonétique du français.* Nicole Derivery
65. *La Nouvelle.* Franck Évrard
74. *Langage et Société.* Josiane Boutet
75. *La Tragédie grecque.* Christophe Cusset
95. *La Communication médiatique.* Guy Lochard et Henri Boyer

ISBN 2-02-30867-3

SOMMAIRE

1 DES PERCEPTIONS ANTAGONIQUES

Deux grandes formes de communication humaine peuvent être distinguées : la communication *directe* et la communication *médiatisée*. A la première correspondent toutes les situations de communication mettant en présence, dans un même espace physique, deux ou plusieurs individus. A la seconde correspondent toutes les formes de communication qui prennent appui sur un support technique donnant accès à un destinataire individuel (la lettre, le téléphone…) ou collectif (l'affiche publicitaire, le tract…). Concernant uniquement les grands médias *de masse*, traditionnels et généralistes (la presse écrite, la radio et la télévision), la communication *médiatique* constitue donc, suivant la définition retenue ici, une composante essentielle (mais non unique) de la communication *médiatisée.*
La communication médiatique moderne répond initialement à une exigence politique : l'organisation d'un « espace public » de discussion des intérêts généraux et privés (▸ **chapitre 8, A, b**). Cette vocation idéale se heurte cependant très tôt à une logique économique qui tend à la remettre en cause. De là naît une contradiction qui explique les attitudes et les discours violemment antagoniques que suscite depuis son apparition cette forme de communication sociale.

A. L'EUPHORIE DÉMOCRATIQUE

a. Une apparition récente

Au centre même de la vie publique des sociétés démocratiques, mais encore entravée ou réprimée dans certains contextes politiques, l'activité médiatique ne prend forme qu'assez récemment dans notre histoire. Précédée par des journaux *occasionnels* (« canards », libelles, placards), une première presse régulière apparaît en Hollande au XVIIe siècle (*Niiuwe Tydinghen, Les Nouvelles récentes*, 1605), puis dans les principaux pays européens. Le premier quotidien voit le jour en Angleterre (*Daily Current*, 1702) au XVIIIe siècle.

b. Une lente reconnaissance

Le siècle des Lumières est le cadre d'un difficile combat pour la reconnaissance de la *liberté de la presse.* Celle-ci progresse en Grande-Bretagne durant cette période (abolition de l'autorisation préalable, *Licensing Act*, en 1695, puis proclamation du *Libel Act* en 1792). En France, elle est en butte tout au long du XIXe siècle à un régime de *censure* puis *d'avertissement* sous le second Empire. Elle ne sera pleinement consacrée qu'à la fin du XIXe siècle, avec la loi du 29 juillet 1881. S'imposant difficilement contre des pouvoirs qui tentent de l'interdire, de la contrôler ou de la corrompre, la communication médiatique est donc dans son inspiration fondatrice le fruit et la manifestation d'une liberté fondamentale : celle de penser et de s'exprimer librement.

c. L'instrument démocratique de la liberté

En dépit d'un développement qui infirme pour partie ces présupposés, le rôle des médias est l'objet, depuis le XVIIIe siècle, d'un ensemble de discours, foncièrement « optimistes », qui en exaltent les bienfaits. Posée selon l'expression d'Alexis de Tocqueville comme « l'instrument démocratique de la liberté » (*De la démocratie en Amérique*, 1835-1840), la presse écrite continue à être perçue (du moins pour certaines de ses composantes) comme un instrument essentiel d'exposition et de libre discussion des idées.

d. Un impact de masse

Lorsqu'elles prennent leur essor au XXe siècle, la radio (1920) puis la télévision (1945) sont investies des mêmes espoirs. Au nom de leur impact de masse, d'autres pouvoirs, tout aussi favorables au bien public, leur sont prêtés en fonction des périodes et des contextes : la démocratisation de la culture, l'élargissement du débat public, plus récemment la réparation de différentes formes de dysfonctionnements sociaux (▶ **chapitres 10, 11 et 12**).

B. LA MISE EN PROCÈS

a. Mercantilisme et irresponsabilité

Ce regard positif se voit tempéré très tôt par des prises de position fort critiques à l'égard du nouveau type d'imprimé. Le procès prend forme dès le XVIIe siècle sous la plume de certains écrivains, comme La Fontaine considérant que « tout faiseur de journaux doit tribut au Malin » (*Lettre à Simon de Troyes*). Il s'intensifie au XIXe siècle, quand le mercantilisme des patrons de presse est de plus en plus dénoncé, de même que l'irresponsabilité des journalistes, pour qui, à entendre Honoré de Balzac, « tout ce qui est probable est vrai » (*Monographie de la presse parisienne*, 1843).

b. Un « viol psychique »

Les griefs se déplacent au XXe siècle sur la question des effets de l'activité des médias. Dès les années 1930, ceux-ci se voient accusés d'être de redoutables outils de manipulation des foules. Dans la filiation de ces travaux, Jacques Ellul défend ainsi la thèse (*Les Propagandes*, 1962) que la radio, la télévision et la publicité peuvent être mises au service d'une forme de « viol psychique » des individus.

c. Culture moyenne et culture mosaïque

D'autres chercheurs insistent quant à eux sur les transformations culturelles induites par les médias, qui, gommant repères et échelles de valeur, génèrent une « culture moyenne » (Edgar Morin, *L'Esprit du temps*, 1962) ou « mosaïque » (Abraham Moles, *Sociodynamique de la culture*, 1965). Plus récemment, l'accélération du temps médiatique (▸ **chapitre 13**) et la mise en réseau généralisée (▸ **chapitre 15**) conduisent d'autres chercheurs (Jean Baudrillard) à nous alerter sur l'état de « déréalisation » dans lequel sont progressivement immergés les individus et les collectivités dans nos sociétés toujours plus *médiatisées* (▸ **chapitre 14**).

CONSEILS DE LECTURE

CAZENAVE E. et ULMANN-MAURIAT C., *Presse, radio et télévision en France de 1631 à nos jours*, Paris, Hachette Éducation, coll. « Carré », 1995.

DELPORTE C., *Histoire du journalisme et des journalistes en France*, Paris, PUF, coll. « Que sais-je ? », 1995.

JEANNENEY J.-N., *Une histoire des médias des origines à nos jours*, Paris, Éd. du Seuil, 1996.

THOVERON G., *Histoire des médias*, Paris, Éd. du Seuil, coll. « Mémo », 1997.

DES LOGIQUES CONTRADICTOIRES

Les verdicts contradictoires avancés à propos de cette forme de communication sociale trouvent leur origine dans la tension permanente entre les enjeux économiques et symboliques qui sont au cœur du système médiatique. La révolution industrielle qui se produit au XIXe siècle **confère en effet à la communication médiatique une dimension stratégique pour le développement économique des sociétés occidentales.** Elle apparaît alors comme un moyen décisif de transformation des mentalités, qu'il faut adapter à un nouvel environnement, et des pratiques de consommation, qu'il faut amplifier pour développer les marchés. Elle se révèle d'autre part comme une condition de fonctionnement spéculatif du système boursier, qui nécessite un système sophistiqué d'information rendant possibles des prises de décision rapides et pertinentes.

A. DES ENJEUX ÉCONOMIQUES

Devenue indispensable à l'ensemble des catégories sociales, la communication sociale revêt une *valeur marchande*. Elle est régie en conséquence par des mécanismes commerciaux, présents y compris dans des entreprises relevant du secteur public.

a. Une industrie culturelle

Les institutions sociales qui en sont le support sont (ou agissent comme) des entreprises, générant des produits soumis aux jeux du marché et de la concurrence. A cette *industrie culturelle* correspondent donc d'importants enjeux économiques, que mettent bien en lumière les mouvements constants de restructuration (rachats de titres, alliances entre groupes) observables dans ce secteur.

b. Une *culture de flot*

L'importance des profits dégagés par la communication médiatique s'explique par le fait que celle-ci relève de la *culture de flot.* Presse écrite et médias audiovisuels se distinguent en effet tous deux de l'édition, forme plus classique d'industrie culturelle. Ils ne sont pas à l'origine d'*œuvres* individualisées mais de produits *sérialisés* diffusés de façon régulière (presse) ou continue (radio, télévision). Ces médias de flot peuvent ainsi réunir régulièrement des audiences assez stables, vendues à des entreprises ou à des institutions procédant à des investissements publicitaires.

c. Un double marché

Deux composantes essentielles doivent donc être distinguées dans la production médiatique :
– **l'information proprement dite** (les pages rédactionnelles des journaux, les émissions informatives) ;
– **la publicité** (les pages d'annonces dans la presse écrite, les spots à la radio et à la télévision) [▶ **chapitre 7**].

A celles-ci, il faut rajouter, pour les médias audiovisuels, les *produits de divertissement*.

Ces trois composantes relèvent en fait de deux marchés distincts : celui des *usagers* et celui des *annonceurs*. Mais ces deux marchés sont dans les faits étroitement interdépendants, animés l'un et l'autre par une recherche d'*audience maximale*. Si elle s'en différencie par sa finalité, **l'information médiatique a donc partie liée avec la publicité**, le développement à partir du XIXe siècle de la première étant essentiellement redevable à la seconde.

B. DES ENJEUX SYMBOLIQUES

Aux deux faces principales de l'activité médiatique correspond également un ensemble d'enjeux *symboliques*. Information et publicité sont en effet des lieux de production de *discours*. Prenant appui sur différents types de *matériaux signifiants* (langage verbal, image, codes gestuels…), discours d'information et discours publicitaire procèdent à des *mises en scène discursives* (▶ **chapitres 6 et 7**) de phénomènes relevant de l'actualité événementielle aussi bien que de l'imaginaire fictionnel.

a. Enjeux « représentationnels »

Les énoncés informatifs et les énoncés publicitaires se construisent sur un ensemble de choix discursifs empruntant une forme verbale (*désignations*, *qualifications* d'acteurs, etc.) ou visuelle (*figuration* d'actions). Ces partis pris discursifs œuvrent ainsi à la promotion, voire à la construction, chez les individus d'**images mentales** se structurant sous la forme de *représentations* collectives. Agissant comme des filtres interprétatifs, ces représentations constituent des instruments d'intelligibilité du réel, perçu à travers ces biais comme plus ou moins violent, plus ou moins rationnel…

b. Enjeux socioculturels

Les médias contribuent, en activant la circulation dans le monde social de ces représentations, à l'organisation de **systèmes de valeurs et de croyances** qui tendent à s'instaurer en *normes* pour des collectivités (nationales, locales, régionales...). Ressenti comme menaçant pour l'identité de quelques entités socioculturelles, le développement de certains médias transnationaux peut ainsi donner lieu à des conflits et à l'adoption de mesures de réglementation (voir en 1992 le long débat sur l'« exception culturelle » face au progrès de la télévision satellitaire). L'influence des médias n'apparaît pas non plus négligeable sur les *schémas cognitifs.* Elle explique les réticences anciennes du monde éducatif à leur égard et plus récemment l'organisation de programmes d'*éducation aux médias* (Jacques Gonnet, *L'Éducation aux médias*, 1997).

c. Enjeux politiques

L'exposition publique (la « publicité » au sens étymologique) des opinions est une des vocations essentielles de l'information médiatique. Elle reste une des fonctions essentielles des grands quotidiens généralistes. Mais cette finalité civique est également revendiquée par les médias audiovisuels, qui mettent en avant leur souplesse et leur facilité d'accès. Arguant de la défaillance des institutions, la radio et surtout la télévision se proposent de plus en plus d'organiser le débat public en relayant les expressions minoritaires.

d. Régulation et contrôle

Supportant ces trois types d'enjeux, la communication médiatique est l'objet de diverses formes d'arbitrage et de régulation par la puissance publique mais aussi de tentatives de contrôle par les pouvoirs économiques.

• **La puissance publique.** Quels que soient les contextes sociopolitiques, **la puissance publique impose des restrictions à la liberté de communication** au nom de considérations touchant à la sécurité collective (intégrité territoriale, sûreté publique) et individuelle (droit des personnes). Dans le domaine audiovisuel, elle est souvent à l'origine de la création d'*instances de contrôle* ou *de régulation* (le Conseil supérieur de l'audiovisuel en France) qui veillent au respect de certaines règles concernant les contenus (violence, pornographie, mais aussi équilibre des temps d'expression politique), à l'attribution des fréquences ainsi qu'à la limitation des phénomènes de concentration.

● **Les pouvoirs financiers.** Compte tenu de l'augmentation des coûts de production de l'information, nombre d'entreprises médiatiques fragilisées passent, en dépit de mesures visant à les limiter, sous le contrôle de grands groupes transnationaux et multimédias (presse écrite, télévision, cinéma). Des prises de participation majoritaires permettent ainsi à certains d'entre eux de peser sur la sélection et la hiérarchisation des informations, ou encore de mettre en œuvre des pratiques de *lobbying* (pression sur les décideurs) pour l'obtention de marchés publics.

● **Une marchandisation.** L'industrialisation croissante de ce secteur économique se traduit plus généralement par un phénomène de *marchandisation* de la communication médiatique (application des méthodes de marketing dans la conception et le suivi de produits normalisés tant dans leur présentation que dans leur écriture). **La logique commerciale qui préside pour l'essentiel au développement de cette activité sociale tend donc de plus en plus à imposer sa loi à l'idéal politique qui est à son origine.**

CONSEILS DE LECTURE

BALLE F., *Médias et Sociétés*, Paris, LGDC Montchrestien, 1994.

BOUGNOUX Daniel (sous la dir. de), *Crise de l'information ?*, *Problèmes politiques et sociaux*, Paris, La Documentation française, n° 737, 1994.

FLICHY P., *Les Industries de l'imaginaire. Pour une analyse économique des médias*, Grenoble, PUG, coll. « Communication, médias et société », 1997.

MIÈGE B., *La Société conquise par la communication*, Grenoble, PUG, 1989.

TOUSSAINT-DEMOULINS N., *L'Économie des médias*, Paris, PUF, coll. « Que sais-je ? », 1992 (4e éd.).

UNE SITUATION ET UN CONTRAT SPÉCIFIQUES

3

Différente des formes de communication non médiatisées par ses conditions et ses formes de réalisation, l'activité médiatique n'en est pas moins régie par un certain nombre de principes généraux présidant à toute communication humaine.

A. UN CONTRAT DE COMMUNICATION

a. Le respect des règles

Quelle que soit la finalité poursuivie, tout acte de communication s'inscrit en effet dans une *situation* particulière dont les règles doivent être identifiées et respectées par les protagonistes pour que cet acte puisse se réaliser. En témoignent les quiproquos, les « ratés » et les échecs qui se produisent lorsque, placé dans une situation de communication (pédagogique, administrative par exemple), un des participants, par ignorance ou distraction, ne se conforme pas à ses contraintes. En témoigne aussi, dans le domaine médiatique, la panique provoquée en 1938 dans la population des États-Unis par Orson Welles annonçant, dans une émission pseudo-informative, un débarquement des Martiens. Les auditeurs, terrifiés par l'information, avaient pris au pied de la lettre le *principe de sérieux* qui préside à l'information médiatique, sans identifier donc l'intention parodique qui était celle du producteur de l'émission.

C'est en vertu de ce principe que l'on peut considérer que l'activité médiatique repose sur un *contrat de communication* spécifique. Proposée initialement par Algirdas Julien Greimas, cette notion a été particulièrement développée, dans le champ des sciences du langage, par Patrick Charaudeau (*Langage et Discours*). Générale, sa théorisation conduit à considérer que les actes de communication médiatiques sont fondamentalement surdéterminés par les contraintes des situations dans lesquelles ils s'inscrivent. Mais elle pose également que les *sujets communicants* qui sont à l'origine des *énoncés* médiatiques (les articles, les émissions, etc.) bénéficient, dans ce cadre de contraintes, d'un espace de liberté qui leur permet de donner à ceux-ci des formes spécifiques en développant des *stratégies* particulières.

Mobilisée également par d'autres chercheurs, cette notion permet de penser dans leurs spécificités les différentes situations de communication médiatique et les types de discours auxquels elle donne lieu. Très englobant, le *contrat de communication médiatique* recouvre en effet plusieurs activités discursives caractérisées chacune par :
– des *finalités* particulières ;
– des *identités* et des *rôles* spécifiques des sujets qui en sont à la source ;
– des *formes* propres en fonction des *cadres situationnels* (▶ **chapitre 4, C**) de chacun des médias.

b. Des visées spécifiques

On peut donc considérer que ce contrat très général recouvre plusieurs *contrats de communication* plus spécialisés. Animés par des *principes directeurs* communs (▶ **chapitre 4**), ceux-ci se distinguent par leurs contenus assez différents et par des *visées communicatives* spécifiques. Prédominantes pour chacun de ces sous-contrats, ces visées ne sont pas pour autant exclusives. Elles viennent en permanence se combiner à des fins stratégiques, **ce qui n'est pas sans provoquer tensions et contradictions**.

• Le **contrat d'information** est celui qui préside à tous les messages médiatiques se proposant de donner à connaître et d'expliquer le monde événementiel. La *visée informative*, caractérisée par un projet de faire partager un savoir ignoré du destinataire, y est donc prédominante mais, comme on le verra (▶ **chapitre 6**), elle se combine avec une *visée séductrice*. Prépondérant dans la presse écrite, ce contrat est tout aussi structurant dans les médias audiovisuels généralistes. Il peut même être exclusif dans certaines chaînes ou stations exclusivement consacrées à l'information (CNN, LCI, France Info, BFM...).

• Le **contrat de communication publicitaire** (▶ **chapitre 7**) revêt également, pour des raisons économiques (▶ **chapitre 2**), une importance capitale dans la communication médiatique. Il est essentiellement animé par une *visée factitive* (déclencher l'acte d'achat), qui s'appuie sur les ressorts de la *visée séductrice* et de la *visée persuasive* tout en empruntant parfois à des fins stratégiques des procédés rhétoriques propres à la *visée informative*.

• Le **contrat de divertissement** est également présent dans la communication médiatique. Se manifestant dans la presse écrite à travers les feuilletons, les jeux et les mots croisés, il a pris une importance considérable dans les télévisions généralistes, qui se sont réapproprié une palette très diversifiée de genres ludiques (jeux), fictionnels (séries, feuilletons) ou encore jouant sur les franges entre les univers « factuels » et fictionnels (*reality-shows*). Centré sur des situations et des genres transversaux et donc communs à l'ensemble des médias, cet ouvrage ne fera que les évoquer sans leur consacrer une étude spécifique.

B. LES INSTANCES DE PRODUCTION ET DE RÉCEPTION

a. Des identités distinctes du côté de la production

Quels que soient le contenu et la visée poursuivie, toute production médiatique est mise en œuvre non pas par des sujets individuels mais par des collectifs professionnels soumis, comme le remarque Theodor Adorno (*La Télévision et les patterns de la culture de masse*, 1954) à propos de la télévision, « à des modèles imposés et à des mécanismes de contrôle » qui réduisent considérablement les marges d'initiative individuelle. On parlera donc à leur propos d'*instances de production*. Celles-ci présentent cependant des traits assez différents selon les trois types de sous-contrats précédemment distingués.

- Le **discours informatif** est pris en charge par des équipes rédactionnelles de journalistes dont le travail d'écriture est encadré par des chartes rédactionnelles et les conduites professionnelles régies par des codes déontologiques. Cette corporation a été ces dernières années déstabilisée par le processus d'industrialisation des médias informatifs et destructurée par la « vedettarisation » de certains d'entre eux. Mais elle continue à se caractériser par une identité professionnelle assez affirmée qui conduit ses représentants à se démarquer souvent des autres instances de production et à revendiquer leur autonomie par rapport aux instances de direction.
- Le **discours publicitaire** est l'œuvre de groupes professionnels le plus souvent étrangers aux entreprises médiatiques. Son élaboration sous la forme d'annonces résulte de la collaboration de trois types d'acteurs interdépendants (salariés ou collaborateurs d'agences de création) : les créatifs, les commerciaux et les médias-planners, qui sont conduits à échanger en permanence des informations.

• Le **divertissement** est quant à lui placé sous la responsabilité d'un autre groupe professionnel : les producteurs. Il fait appel à la collaboration d'une grande variété de professions artistiques (comédiens, chanteurs...). Son développement dans les médias audiovisuels a été marqué par la promotion d'une nouvelle catégorie de médiateurs : les animateurs. Cumulant ce rôle avec des fonctions de producteurs indépendants, ceux-ci bénéficient d'une grande autonomie dans les institutions audiovisuelles, négociant de gré à gré leurs productions avec les directions. Dégagés de toute préoccupation déontologique, ils ne se réclament que d'une exigence de satisfaction du public. Ce qui n'est pas sans provoquer parfois des tensions avec les journalistes qu'ils concurrencent en produisant des émissions (débats, magazines) réservées traditionnellement à cette corporation.

b. Effets visés-effets produits

La principale difficulté que rencontrent ces instances de production est liée à leur destinataire, autrement dit aux *instances de réception*, sur lesquelles subsistent toujours des inconnues, malgré la sophistication accrue des méthodes de sondage. Inconnues quant à leur composition exacte (en termes de catégories d'âge, socioprofessionnelles, styles de vie...), qui reste toujours fluctuante et hétérogène, principalement pour les médias généralistes. Inconnues surtout quant à leurs attentes effectives, là aussi changeantes comme le confirment en permanence, malgré l'emploi de méthodes de marketing, l'échec de telle émission ou de telle formule de journal ou leur succès inattendu.

La communication médiatique repose donc sur des « paris », bien sûr plus ou moins risqués en fonction de la précision du « ciblage » du média. Elle s'adresse à des images idéalisées de récepteurs, la « cible », visant à produire sur elle des *effets de sens*. Mais ceux-ci, que l'on peut reconstituer à partir d'une analyse des messages diffusés, ne sont que des *effets attendus*, qu'il ne faut jamais confondre avec les *effets* effectivement *produits* sur les publics « réels ». L'écart entre les *effets attendus* ou *recherchés* et les *effets produits* est parfois très net. Ces derniers peuvent être très divers selon les individus, comme le relève le psychosociologue Claude Chabrol, soulignant « des disparités psychosociologiques très importantes entre des consommateurs d'un même produit médiatique et à l'intérieur d'un travail d'interprétation d'un même consommateur au plan de l'attention, de la mémorisation, de la compréhension sémantique et de l'évaluation » (« Le lecteur, fantasme ou réalité ? » in *La Presse : produit, production, réception*).

C. LES MYSTÈRES DE LA RÉCEPTION

Aussi peut-on conclure, malgré les affirmations souvent péremptoires de certains professionnels essentiellement attentifs à la « preuve par le marché », que la réception reste encore largement entourée de mystères. Cette opération est l'objet, depuis maintenant une cinquantaine d'années, de multiples réflexions théoriques entreprises dans le cadre de plusieurs disciplines (psychologie, psychosociologie, sociologie, anthropologie).

a. La publicité : de multiples variables

Compte tenu de l'importance de ses enjeux économiques, la publicité a été l'objet d'une attention précoce et particulièrement pressante de la part des annonceurs commanditant des *études d'impact* pour apprécier l'opportunité de leurs investissements. Sa présence sociale qui en faisait un emblème des nouvelles formes de « persuasion de masse » a encouragé une réflexion sur les processus psychosociologiques qu'elle mettait en œuvre pour parvenir à produire ses effets.

De nombreux travaux théoriques, complétés par des études empiriques, **ne parviennent pas cependant à dégager des conclusions univoques et définitives.** Ils soulignent l'intervention de multiples variables selon les types de produits et les situations de réception. Relativisant des conclusions parfois hâtives, ils rappellent principalement que l'activité publicitaire se heurte souvent à la « désimplication » du consommateur, qui peut ainsi résister aux multiples sollicitations publicitaires dont il est l'objet.

b. Le discours journalistique : une influence indirecte

Le débat à propos des effets du discours journalistique sur l'opinion publique prend forme également très tôt. Il a été ouvert par Gabriel Tarde dès la fin du XIXe siècle, celui-ci soulignant que cette influence n'est en rien directe **et reste soumise à la médiation des conversations entre citoyens.** « La transformation d'une opinion individuelle en une opinion sociale, en "l'opinion", affirme ce penseur, est due à la parole publique dans l'Antiquité et au Moyen Age, à la presse de nos jours mais de tous temps et avant tout aux conversations privées » (*L'Opinion et la Foule* [1901], Paris, PUF, 1989).

- Cette réflexion est réactivée dans les années 1940 par des chercheurs nord-américains (au premier rang desquels Paul Lazarsfeld) qui, prolongeant la réflexion esquissée par Tarde, soulignent l'importance du contexte social dans la réception des messages médiatiques.

Deux modèles théoriques sont issus de ce courant *empirique* : la théorie des « effets limités » et celle du « flux de communication à deux niveaux » (*two steps flow of communication*). La première met l'accent sur l'intervention dans la réception des messages de trois opérations : la perception, l'exposition et la mémorisation sélectives, tributaires elles-mêmes de l'intervention de plusieurs variables telles que l'âge, la socialisation antécédente, l'appartenance politique des individus concernés. La seconde théorisation souligne quant à elle l'importance dans la formation des opinions de *leaders* influençant les individus à leur contact, qui élargissent à leur tour, à travers des jeux de relations, cette **influence indirecte**.

- Ces travaux qui **tendent tous à réhabiliter l'activité du public des médias** sont mis en cause par des chercheurs inspirés par la « théorie critique » de l'école de Francfort (Theodor Adorno, Max Horkheimer, *La Dialectique de la raison : fragments philosophiques* [1947], Paris, Gallimard, coll. « Tel », 1983). Pour les tenants de ce courant, les institutions médiatiques sont essentiellement soumises au système politique et économique dont elles reproduisent les « schèmes idéologiques » s'imposant à un public perçu comme *dominé*, car victime d'un processus d'*aliénation*. Cette orientation théorique est prolongée dans les années 1970 par les réflexions de chercheurs, européens pour la plupart, qui, s'inspirant des travaux du philosophe marxiste Louis Althusser, analysent les médias comme des « appareils idéologiques d'État » travaillant à une reproduction de l'ordre établi.

c. Des effets aux usages

Ce clivage entre ces deux lignes de pensée est aujourd'hui moins prégnant grâce à un déplacement des interrogations, qui ne se portent plus aujourd'hui pour l'essentiel sur les *effets* produits par les médias <u>sur</u> le public mais sur les *usages* des messages médiatiques <u>par</u> le public.

• Abondants ces travaux se sont centrés majoritairement sur la télévision. Ils ont le plus souvent recours à un cadre d'analyse (dit du « texte-lecteur »), remettant en cause radicalement le *modèle linéaire* de la communication, qui présuppose du côté de la réception un processus de *décodage* homologue au processus d'*encodage*. Abandonnant le principe d'un *lecteur idéal*, ce nouveau modèle implique, comme l'analyse Daniel Dayan, que « la réception n'est pas l'absorption passive de significations préconstruites mais le lieu d'une production de sens » et qu'« il faut reconnaître que les structures d'un texte ne sont que virtuelles tant que les lecteurs ou les spectateurs ne viennent pas les activer » (« Les mystères de la réception », *Le Débat*, nº 71, 1992). Cette approche novatrice repose en conséquence sur de nouveaux fondements la question très ancienne de *l'influence* des médias, auxquels les récepteurs seraient en mesure d'opposer de réelles capacités d'interprétation.

d. Une compétence médiatique ?

Dans cette nouvelle conjoncture, des chercheurs comme Jean Bianchi et Henri Bourgeois en viennent ainsi à prôner **l'acquisition progressive d'une « compétence médiatique » permettant de se livrer au « jeu de la réception »**. Devenu un « négociateur de sens », le récepteur pourrait ainsi mettre en œuvre différentes opérations.

• **Une activité de *structuration***, impliquant « sélection » et « schématisation ». Cette activité opère également sur le mode de la correction (un élément du message peut être *surévalué* ou *minimisé* par le téléspectateur), du *retentissement* (qui suppose une mobilisation des souvenirs), de l'*implication* (qui « consiste à englober dans ce qui vient des médias les conditions où l'on se trouve soi-même ») et de la *stabilisation* (le téléspectateur se protège de la nouveauté trop brutale) ;

• **Une activité de *résistance***, qui marque « une certaine priorité du sujet récepteur sur le contenu qui s'offre à lui ». Elle peut se traduire par l'*indifférence* ou l'*opposition* : on rejette l'offre (on change de chaîne ou on éteint le poste) ; elle se manifeste également dans la *transformation*, la réévaluation de l'offre (on réduit ou on majore les données médiatiques : « on en a vu d'autres » ou « c'est merveilleux »...) ;

• Quant à la ***négociation*** proprement dite, elle « conduit à réaménager le message » : « Le public réagit en effectuant, sur-le-champ ou à la longue, des compromis. On tolère le caractère superficiel d'un reportage ou les indications artificielles d'un sondage réalisé à chaud à partir des réponses téléphoniques données par des [...] téléspectateurs, mais, en contrepartie, on apprécie la qualité des images, l'humour du présentateur, le rythme de l'émission et l'on en redemande. »

e. Un optimisme discuté

Cette manière de voir est évidemment séduisante. **Son optimisme quant à la liberté de la réception est cependant discutée.** D'autres chercheurs font ainsi remarquer que, certes, « les gens peuvent choisir librement de regarder la télévision et choisir librement de jouir des émissions disponibles. Cependant, à moins qu'ils soient réellement conscients du fait que ces émissions, dans la forme et le contenu, sont limitées, et que les médias de masse ne laissent filtrer que certaines sortes d'informations, de points de vue, d'analyses, de croyances, il est simplement inexact de prétendre que ces téléspectateurs sont véritablement libres de leur choix. [...] soutenir que la prolifération des *lectures* peut remédier à de telles circonstances, c'est nous mystifier » (William Seaman, *Active Audience Theory : Pointless Populism, Media Culture and Society*, 1992).

CONSEILS DE LECTURE

BEAUD P., FLICHY P., PASQUIER D. et QUÉRÉ L. (sous la dir. de), *Sociologie de la communication*, Paris, CNET, 1997.

BIANCHI J. et BOURGEOIS H., *Les Médias côté public. Le jeu de la réception*, Paris, Bayard-Éd. du Centurion, coll. « Fréquences », 1992.

CHARAUDEAU P., *Langage et Discours. Éléments de sémiolinguistique (théorie et pratique)*, Paris, Hachette, coll. « Langue, linguistique, communications », 1983.

CHARAUDEAU P. (sous la dir. de), *La Presse : produit, production, réception*, Paris, Didier-Érudition, coll. « Langage, discours et société », 1988.

A la recherche du public. Réception, télévision, médias, Hermès, Paris, CNRS Éditions, nos 11-12, 1993.

UNE COMMUNICATION *MONOLOGALE* ET *DIALOGIQUE*

4

A. UN PSEUDO-DIALOGUE

a. Communication monologale-communication dialogale

La dimension très problématique de la réception des médias tient au fait qu'elle est *monologale*. On dit d'une communication qu'elle est d'ordre *monologal* lorsque le destinataire n'est pas présent sur le lieu et dans le moment de la production du message par un destinateur. Elle est d'ordre *dialogal* si destinateur et destinataire sont en situation d'échange immédiat (conversation face à face ou au téléphone) ou différé (correspondance épistolaire).

b. Pas de réversibilité du discours

Qu'il s'agisse d'un article de presse, d'un bulletin d'informations radiophonique ou d'un magazine de télévision, ces productions s'adressent bien entendu à des publics. Ces ensembles d'individus, dont on peut mesurer l'importance numérique à défaut de pouvoir la prévoir avec certitude, ne sont pas de vrais interlocuteurs. Le téléspectateur devant son poste, le lecteur parcourant son journal ne sont pas en position d'échanger des propos avec le journaliste ou l'animateur à l'origine du discours produit. Il n'y a pas dans ce cas, à la différence d'une communication face à face par exemple, de réversibilité du discours. Le *destinataire* du discours médiatique est muet pour le destinateur, ce qui ne signifie pas qu'il soit inerte. Il peut stopper par exemple la réception (pour manifester sa désapprobation) ; il peut fermer son journal, éteindre le poste ou *zapper* sur la télécommande. Mais *l'émission* n'en sera pas interrompue pour autant.

c. L'apparence de l'interactivité

Aussi, les moyens de communication de masse ont-ils très vite ressenti le besoin de créer un semblant d'échange avec leur public. C'est la fonction du courrier des lecteurs, dont on ne saurait prétendre sérieusement qu'il confère à la communication journalistique une structure *dialogale*. On sait que ce courrier est filtré en vertu de critères établis par l'organe de presse lui-même. La télévision, à la suite de la radio, a manifesté elle aussi un souci d'interactivité en introduisant appels téléphoniques, interventions par Minitel... Mais là aussi il y a filtrage.

d. Programmer la réception

Il est donc évident que les productions médiatiques ne peuvent pas, au risque de susciter l'arrêt pur et simple de la réception, ne pas envisager cette réception et en tenir scrupuleusement compte. A travers des enquêtes d'opinion et des études de plus en plus sophistiquées, les responsables des médias s'efforcent aujourd'hui d'avoir une idée assez précise de ce que souhaite leur public dans ses diverses composantes. **Ils ont l'obsession d'anticiper sur la réception, de la « programmer » en quelque sorte.** Cette réception reste tout de même une inconnue, à cause précisément du caractère *monologal* de la communication médiatique.

B. POLYPHONIE ET DIALOGISME

a. Un discours hétérogène

Il est à noter d'autre part que les différentes formes du discours médiatique peuvent être plus ou moins *polyphoniques*, hétérogènes si elles font entendre – ce qui est le cas de figure le plus fréquent – plusieurs voix (autres que celle du destinateur). On peut parler de *dialogisme* lorsque le discours du destinateur intègre le discours (réel ou supposé) du destinataire et le prend en compte explicitement ou implicitement pour se moquer de lui, par l'ironie (Mikhaïl Bakhtine, *Le Marxisme et la philosophie du langage* ; Oswald Ducrot, *Le Dire et le Dit*). **Le dialogisme peut donc être considéré comme la dimension interactionnelle par excellence de la polyphonie.**

b. Dialogisme, polyphonie et stratégies

● Agissant dans ce cadre de contraintes, les *instances de production* médiatiques vont donc autant que faire se peut « intégrer les cibles » dans les produits diffusés, autrement dit faire en sorte que les discours tenus soient le plus possible en phase avec les publics visés, leurs imaginaires (leurs valeurs, leurs attitudes, leurs représentations). On peut donc affirmer que les destinataires des discours médiatiques sont inscrits à des fins *stratégiques* dans ces discours. C'est en ce sens qu'on doit parler de *dialogisme médiatique*. On doit parler aussi de *polyphonie*, car les discours médiatiques ne sont pas seulement pénétrés par leurs destinataires : <u>ils sont aussi habités, et parfois très largement, par une pluralité de voix</u> (▶ **chapitre 9, A, b**) dont ils se font les relais, plus ou moins fidèles, plus ou moins prolixes.

• Un « fait divers » de presse est un bon exemple pour mesurer la teneur en *polyphonie* du discours informatif. Afin d'assurer sa crédibilité, le rédacteur se doit de donner la parole aux témoins, éventuellement à la victime, à la police, etc. Le présentateur du journal télévisé (JT), outre qu'il a sûrement un ou des invités sur le plateau, va faire entendre, à travers des reportages, des propos tenus ici et là, dans le pays et à l'étranger.

C. PLUSIEURS CADRES SITUATIONNELS

a. Les contraintes du canal

Figurent en dernier lieu, dans les contraintes du contrat médiatique, celles qui sont liées au *canal de communication*. Presse, radio et télévision se différencient entre elles par leurs conditions de transmission des messages. La première repose sur un support matériel sur lequel s'inscrivent des traces durables. Il n'en va pas de même pour la radio et pour la télévision. Fugitifs, les messages produits ne sont pas fixés par les appareils de réception, à moins d'être enregistrés. Ces différents médias n'ont pas recours d'autre part aux mêmes *matériaux sémiologiques*.

b. Des formes imposées

Constitutives de *cadres situationnels* différents, ces contraintes matérielles se traduisent selon les médias par :
– des **formes de production discursive** assez variables. Témoin la présence de tel genre journalistique dans un média alors qu'il est minoré dans un autre ;
– des **temporalités** très différentes (l'immédiateté de la presse radiophonique et télévisuelle contraste avec le « décalage » inhérent à la presse écrite) ;
– des **relations communicatives** avec le destinataire également distinctes.

Cette observation invite donc à considérer, comme nous allons le constater, que le *support* mobilisé ne constitue pas, pour un message médiatique, un simple véhicule, neutre et transparent. S'appropriant celui-ci, il lui impose ses propres formes et le dote d'*effets de sens*, tout aussi spécifiques.

CONSEILS DE LECTURE

BAKHTINE M., *Le Marxisme et la philosophie du langage. Essai d'application de la méthode sociologique en linguistique* (Leningrad, 1929), Paris, Éd. de Minuit, 1977.

DUCROT O., *Le Dire et le Dit,* Paris, Éd. de Minuit, 1985. Voir le chap. VIII.

« Sociologie de la télévision : France », *Réseaux*, Paris, CNET, 1991 (numéro spécial).

UN IMPÉRATIF DE CAPTATION

L'impératif de *captation* est le fondement même de toute entreprise de médiatisation. La conquête puis l'élargissement d'un public sont en effet la raison d'être du média. Cette conquête et cet élargissement reposent cependant sur trois principes directeurs secondaires : **faire sérieux, donner du plaisir** et **être empathique**.

A. LA CRÉDIBILITÉ

a. Le sérieux de l'information

Tout média vise à livrer une information, de préférence inédite, à ses lecteurs, auditeurs ou téléspectateurs. L'information inédite par excellence est qualifiée par les professionnels de « scoop » (c'est-à-dire « exclusivité »). Le média doit faire en sorte que cette information soit la plus *crédible* possible, sous peine de ne pas être pris au sérieux et d'y perdre en audience. Pour ce faire, il convient de multiplier les marques d'authentification, les preuves de ce qu'on avance.

b. Un principe dont le respect ne va pas de soi

Le sérieux de l'information, la crédibilité du discours médiatique ne vont pas de soi. Pour frapper leur public, pour « faire de l'audience », les médias, la télévision actuelle tout particulièrement, se laissent parfois aller à la tricherie. Ils sont alors victimes non seulement de la recherche de l'audience à n'importe quel prix, mais également des conditions matérielles du traitement de l'information (les journalistes travaillent habituellement dans l'urgence). Aussi, à la suite d'entorses évidentes à *l'éthique de l'information*, le discours télévisuel informatif (▶ **chapitre 12**) est l'objet d'une suspicion croissante et de critiques accrues. Certains lui opposent le sérieux du « journalisme d'investigation » que revendique une certaine presse écrite.

c. Spécificité du discours informatif

Il est évident qu'au sein de la communication médiatique, c'est sûrement le *discours informatif* (▶ **chapitre 6**) qui doit le plus clairement fournir des gages de sérieux et de véracité. Le « direct », à la radio et à la télévision, participe de cette volonté de donner à connaître l'événement dans sa nouveauté, son immédiateté et son authenticité. D'autres discours médiatiques ne font pas du principe en question la clé de voûte de leur légitimation. Cependant, même un discours médiatique cultivant la fiction et le rêve comme la publicité se doit de crédibiliser le message informatif qu'il cherche à faire passer.

B. LE SPECTACLE

Sous l'empire d'une concurrence impitoyable, la communication médiatique a tendu à privilégier ce deuxième impératif.

a. Mise en scène de la parole

Certes, le fait de *mettre en scène* n'est pas propre à la communication médiatique. Il s'agit même d'une préoccupation qui est au cœur de tout acte de communication. Mettre en scène une identité, un événement, une histoire, c'est construire le discours qu'on juge le plus approprié à son *objectif communicatif* (à l'intention, mais aussi à la réception visée). Car ce discours doit intéresser, séduire, emporter l'adhésion.

b. De la rhétorique au simulacre

Ce qui est vrai pour tout acte de communication l'est encore plus pour la communication médiatique. En effet, celle-ci n'a pas d'autre choix que de plaire à son public. Qu'il faille trouver le « bon » titre ou l'« image-choc », il s'agit bien de faire du spectaculaire, tout en donnant une information suscitant l'intérêt. Les couvertures de magazines, les génériques d'émissions ou les ouvertures de JT sont des lieux privilégiés de la spectacularisation médiatique. Avec le journal comme avec le documentaire, il y a donc toujours une rhétorique à l'œuvre qui, soit par le *titrage*, soit par le *montage*, a pour mission de donner au produit médiatique la présentation la plus agréable possible. Même les nouvelles concernant les catastrophes naturelles ou les guerres n'échappent pas à cette contrainte. Le « choc » des mots ou des images participe bien du *principe de plaisir* auquel est assujetti tout discours médiatique.

c. Le spectacle télévisuel

C'est avec la télévision, surtout après l'apparition d'un secteur privé en France dans les années 1980 et donc d'une « guerre des chaînes » arbitrée par Médiamat, que le spectacle médiatique est entré dans une ère nouvelle. La télévision (▶ **chapitres 11 et 12**), de par ses caractéristiques propres, mais aussi à cause des intérêts financiers en jeu, est assurément le média qui s'adonne avec le plus de facilité au spectaculaire. La télévision a un penchant, dénoncé par bon nombre d'observateurs, à la dramatisation. Elle a tendance a appuyer le trait en matière de tragique, de sensationnel et de scandale. Ce penchant la conduit à des pratiques de *simulacre*, lorsqu'elle reconstitue par exemple, pour les besoins d'une émission, un événement dramatique qu'elle n'a pas pu enregistrer en direct. Plus fréquemment, elle incline à « scénariser », lors d'un reportage, le comportement des gens concernés, en leur faisant « jouer leur rôle », mais selon les exigences du spectacle télévisuel et les directives du journaliste.

C. L'EMPATHIE

Les deux principes qui viennent d'être évoqués (crédibilité et spectacle) ne sauraient se passer d'une troisième exigence ancrée très profondément dans les imaginaires des professionnels de la communication médiatique : l'exigence d'*empathie.*

a. Être en phase avec la cible

Lorsqu'il a été précédemment question de l'anticipation de la réception, il s'agissait bien de cette contrainte incontournable : la communication médiatique doit établir une connivence avec son public. Elle doit lui offrir des produits en conformité avec ce que ce public attend : lui donner à lire, à entendre et à voir ce qu'on pense qu'il souhaite lire, entendre et voir. De ce fait, certains pensent que les médias entretiennent le *statu quo* dans les divers domaines (politique, économique, culturel...) de l'activité communautaire (Paul Beaud, *La Société de connivence* ; Pierre Bourdieu, *Sur la télévision*).

b. A chaque média sa propre empathie

Il est évident que les médias ayant un public assidu relativement homogène (du point de vue de l'âge, du sexe, de l'opinion...) auront tendance à promouvoir les valeurs supposées de la « cible », à multiplier les signes de complicité, par le choix des thèmes traités et dans la façon de les traiter, par le point de vue privilégié, par la place qui leur est faite (à la une du journal ou en page intérieure, en début de JT ou à la fin).

La télévision généraliste, telle qu'on la connaît en France (TF1, France 2...), souhaite obtenir un maximum de parts de marché pour la vente de ses espaces publicitaires, et pratique donc la

course à l'audience : elle doit produire, aux heures de grande écoute (20 heures-22 heures 30 – le *prime time*), le discours le plus consensuel possible. D'où l'obsession de l'**intégration** à tout prix de comportements, de propos, de valeurs pas trop minoritaires. Le média ne doit pas choquer, déranger. Il ne doit surtout pas laisser apparaître la moindre complaisance à l'égard de tout ce qui peut susciter la désapprobation de la majorité.
Cependant, des espaces réduits, à des heures tardives pour ce qui concerne la télévision, peuvent être réservés à des sujets « sensibles », mais ils seront selon toute probabilité traités avec le même souci d'**intégration**.
Le fait qu'il existe des périodiques qui affichent l'anticonformisme (*Charlie Hebdo*), des radios qui traitent de certains sujets tabous (Fun Radio), des émissions de télévision qui cultivent l'impertinence (*Le Vrai Journal*, de Karl Zéro, sur Canal +), est cependant la preuve qu'il existe bien des publics qui ne se reconnaissent pas dans le discours médiatique dominant.

D. EMPATHIE ET REPRÉSENTATIONS PARTAGÉES

Le fonctionnement empathique des médias repose en grande partie sur la mobilisation des imaginaires collectifs (composés d'images, d'attitudes, de croyances, de valeurs) en vigueur au sein de la communauté. Ces ***représentations*** (terme utilisé à l'origine par les sociologues puis par les psychosociologues) partagées sont pour cette communauté autant de filtres permettant de percevoir la réalité, d'interpréter le monde. C'est un puissant facteur d'auto-identification, un ciment culturel indispensable car très consensuel.

a. La nature des imaginaires collectifs

Ces imaginaires ont trait aussi bien au patrimoine fondateur de la communauté (l'histoire mythologique) qu'aux grandes représentations du vécu collectif (l'image de la femme, de l'argent, de la maladie, de l'étranger). Des instituts de sondage et des centres de recherche spécialisés, commandités le plus souvent par les médias, cherchent à connaître l'état de ces imaginaires, leur éventuelle évolution, à mesurer leur dimension consensuelle ou conflictuelle. Leurs méthodes d'investigation ne font pas l'unanimité : on leur reproche de ne chercher que la confirmation, l'approbation et, tout compte fait, de manipuler l'opinion au lieu de l'enregistrer (Patrick Champagne, *Faire l'opinion. Le nouveau jeu politique*, Paris, Éd. de Minuit, coll. « Le sens commun », 1990).

b. Le stéréotypage

La tendance au stéréotypage qu'on a pu observer – pour la dénoncer – dans les médias et surtout à la télévision n'a donc rien d'étonnant. Elle s'inscrit finalement dans la logique du « faire simple » et dans celle de l'empathie. Le stéréotype est économe et consensuel. Mais il tend à donner d'une réalité (un lieu, un groupe, une pratique sociale...) une vision figée et réductrice, car il force le trait. Au lieu de promouvoir une représentation dynamique et pas forcément conforme au sentiment le plus généralement répandu d'une « question » sociale précisément composée (par exemple : la violence en banlieue, l'islamisme dans l'immigration d'origine maghrébine, la toxicomanie...), le média, surtout la télévision (la force de l'image contribue à la promotion du cliché), produit un stéréotype qui, en rencontrant l'adhésion du plus grand nombre, va s'installer dans les imaginaires de la communauté. La presse, quand elle ne tire pas l'essentiel de sa raison d'être du sensationnalisme, sait beaucoup mieux résister au stéréotypage : un « dossier » de quotidien est bien plus riche en précisions et en explications que la plus longue séquence d'un JT (▶ **chapitre 12**).

Il s'agit là d'une question d'autant plus importante que la télévision joue aujourd'hui, en ce qui concerne l'accès à l'information, un rôle hégémonique et qu'elle pèse donc d'un poids très lourd sur la perception du vécu social qu'ont les membres de la communauté.

CONSEILS DE LECTURE

BEAUD P., *La Société de connivence. Médias, médiations et classes sociales*, Paris, Aubier-Montaigne, 1984.

BOURDIEU P., *Sur la télévision*, Paris, Liber-Raisons d'agir, coll. « Raisons d'agir », 1996.

BRUNE F., *Les médias pensent comme moi. Fragments du discours anonyme*, Paris, L'Harmattan, 1993.

6 CONTRAINTES ET STRATÉGIES DU DISCOURS INFORMATIF

Le *discours informatif* occupe une place prépondérante dans la communication médiatique. Essentiel dans les organes de la presse écrite, il joue un rôle encore plus stratégique en tant que « capteur » d'audience et « marqueur d'identité » pour les stations radiophoniques et les chaînes de télévision. S'inscrivant dans un *contrat de communication* spécifique (▶ **chapitre 3, A**), il donne lieu à une *mise en scène langagière* dont les ressorts se retrouvent dans l'ensemble des médias.

L'information médiatique répond idéalement à des raisons civiques (▶ **chapitre 1**). Mais elle se propose aussi de satisfaire des motivations plus pratiques en fournissant repères et conseils aux *usagers* que sont aussi les consommateurs de médias. Cette *visée* proprement *informative*, à laquelle **correspond un impératif de crédibilité**, se heurte cependant à un certain nombre d'obstacles. En premier lieu à l'objectif d'exhaustivité, hors d'atteinte par définition, qui oblige en permanence à des sélections des informations. Elle entre d'autre part en opposition avec une *visée de séduction*, **régie quant à elle par un impératif de spectacle** (▶ **chapitre 2**).

Cette contradiction, au cœur même du contrat d'information, est à l'origine de mécanismes de sélection des informations. Induisant des processus de *construction événementielle*, elle impose également la mise en place de stratégies complémentaires de *crédibilité* et de *séduction*, qui prennent des formes différentes selon les genres mis en œuvre.

A. DES THÈMES PRIVILÉGIÉS

a. Les agences : une fonction de guide

Agissant comme des « filtres commandés » (Michel Mathien, *Le Système médiatique. Le journal dans son environnement*, Paris, Hachette, coll. « Langue, linguistique, communication », 1989), les institutions médiatiques **procèdent à un tri permanent** des informations reçues. Celles-ci sont émises au départ pour l'essentiel par des institutions spécialisées, les *agences de presse* (AFP, Reuter, United Press International, Associated Press), qui ont pour rôle essentiel de rendre compte d'événements que les médias ne peuvent pas « couvrir » directement. Grâce à des réseaux très denses de correspondants, elles alimentent en permanence les rédactions des différents médias en *dépêches*. Même si elles prétendent à l'objectivité, les *agences* exercent donc une fonction de *guide* à l'égard des médias clients. Et ce d'autant plus, comme le font remarquer certains analystes, que les plus puissantes internationalement ont pour siège les grands pays industrialisés, dont elles traduisent par leurs choix d'informations la « vision du monde ».

b. Des accords implicites

Mais dans la masse de ces informations « primaires » reçues par les médias-supports, peu nombreuses sont cependant celles qui accèdent au statut de *nouvelles* donnant corps à des *événements* sur lesquels les médias focalisent l'attention de leurs destinataires. C'est la « politique éditoriale » formalisant les attentes présumées du public visé par tel journal, telle station ou telle chaîne qui détermine les critères spécifiques présidant aux choix des nouvelles. Ceux-ci peuvent donc être assez différents selon le type et la nature du support, en fonction des caractéristiques de la cible. Ce type de paramètres intervient en effet de façon déterminante dans les sélections thématiques. Il est au fondement de la différence entre *presse de référence* et *presse populaire*, expliquant également les disparités observables dans la composition des sommaires des journaux télévisés de la mi-journée, de la soirée ou de la fin de soirée. Mais comme l'a mis en évidence Gay Tuchman (*Making News*, 1973), des accords implicites s'établissent entre les diverses institutions médiatiques, qui se rejoignent très souvent dans leurs choix des nouvelles. Ils expliquent les *convergences thématiques* entre les supports, qui se fondent sur un certain nombre de critères.

c. Des critères communs

Ces critères communs à l'ensemble de la profession sont au nombre de trois.

• **Critère « d'actualité ».** Dans les représentations journalistiques, l'attractivité d'un thème semble être mesurée en premier lieu à son degré « d'actualité ». L'histoire de l'activité journalistique apparaît en effet comme une **tentative permanente de réduire l'écart entre le temps de l'événement et le temps de délivrance de la nouvelle.** Cet idéal fondateur a été atteint avec la radio et la télévision, qui permettent, grâce au *direct*, de rendre compte instantanément d'un événement. Il préside aussi à l'activité des journalistes de presse écrite, condamnés au *différé*, mais qui, sous la « dictature du temps réel » (▶ **chapitre 14**) imposée par la télévision, s'efforcent également de « coller à l'événement ».

- **Critère de « proximité ».** Un deuxième critère de choix est celui de la localisation de l'événement, l'intérêt du lecteur étant censé être **proportionnel à la proximité spatiale** de l'événement. Si ce principe est particulièrement manifeste dans la presse régionale et locale, il est également présent dans la presse d'information générale écrite et audiovisuelle, qui a tendance de plus en plus à privilégier les faits ayant pour cadre le territoire national.
- **Critères psychoaffectifs.** Cette presse est également concernée par un autre type de logique qui conduit à mettre en exergue des événements dotés d'une **forte résonance émotionnelle et imaginaire** en fonction de leur dimension insolite, exceptionnelle, dramatique ou tragique. Guerres, accidents, catastrophes et autres événements *sensationnels* (Gloria Awad, *Du sensationnel. Place de l'événementiel dans le journalisme de masse*, Paris, L'Harmattan, coll. « Logiques sociales », 1995) bénéficient ainsi d'une « loi de priorité ».

d. Hiérarchisation

L'inévitable sélection qui s'opère dans la masse des données événementielles conduit en conséquence à mettre en cause le « mythe de la fidélité exhaustive » (Roselyne Koren, *Les Enjeux éthiques de l'écriture de presse et la mise en mots du terrorisme*, Paris, L'Harmattan, coll. « Sémantique », 1996), en recul dans les milieux professionnels de l'information. Le projet affiché aujourd'hui de porter à la connaissance du public « l'essentiel de l'actualité » ne résiste pas non plus, si l'on considère que **la sélection des événements se double d'une opération de hiérarchisation**. Celle-ci peut se mesurer dans la presse écrite à la surface accordée à l'article, à son emplacement, au traitement graphique, plus ou moins valorisants. Elle peut s'apprécier pour ce qui est de la télévision à la durée, à l'ordre d'apparition ainsi qu'au mode de traitement accordés à chaque sujet. Tous supports confondus, des logiques de *quantification thématique* et de *hiérarchisation thématique* se conjuguent pour mettre en exergue ou au contraire reléguer les faits événementiels.

e. Censure et diversion

La priorité accordée, en fonction des critères présentés précédemment, à des événements *omnibus* (Pierre Bourdieu, *Sur la télévision*) a donc des effets de :
– « **censure** » sur les événements éliminés ;
– **diversion** par rapport à des événements concomitants dont l'importance n'est pas forcément ignorée par les rédactions, mais qui sont minorés en vertu de leur faible *potentiel empathique* (▶ **chapitre 5**).

B. DES ÉVÉNEMENTS CONSTRUITS

a. Saillance et prégnance

Porté à la connaissance d'une instance de production de l'information, un fait, même important par ses conséquences (humaines, sociales, économiques), n'accède pas pour autant de façon automatique au statut d'événement médiatique. Pour être doté d'une certaine visibilité, il doit posséder diverses propriétés. Il faut qu'il présente :
– **un certain potentiel de *saillance***, autrement dit une faculté à provoquer intérêt ou étonnement chez le destinataire ;
– **un certain potentiel de *prégnance***, autrement dit une capacité à s'intégrer dans un « système de reconnaissance » du récepteur en permettant son appropriation.
Ces deux conditions, et notamment la première, hypothèquent en conséquence l'« événementialisation » d'un fait relevant de la régularité quotidienne, perçu comme étant dans « l'ordre des choses » en fonction d'une conception actuellement dominante de l'information.
Mais, paradoxalement, un fait saillant et prégnant doit aussi, pour être initialement repéré et correctement interprété dans un second temps, **reproduire un modèle préexistant**. Il doit participer de « familles événementielles » (Maurice Mouillaud et Jean-François Tétu, *Le Journal quotidien*, Lyon , PUL, 1989), sortes de « séquences d'actions pré-construites et par suite pré-écrites pour le journaliste et pré-lisibles pour le lecteur ».

b. Un « découpage » du réel

Advenant grâce à l'intervention d'une *source* (le plus souvent un journaliste d'*agence*, rédacteur d'une *dépêche*), l'événement « brut » est l'objet d'un premier processus de transformation. Celui-ci vise à l'intégrer dans un certain nombre de *catégories discriminantes*, qui se traduisent par une structuration en *rubriques* de l'espace rédactionnel pour un organe de presse ou de la durée d'un bulletin d'informations pour la radio et la télévision. Ces formes de classification sont bien sûr variables selon les supports et changeantes selon les périodes. Instituée aujourd'hui, la rubrique « environnement » n'est apparue qu'assez récemment dans les sommaires. Celle des « faits divers » a été aujourd'hui abandonnée dans certains journaux qui analysent les phénomènes correspondants dans une perspective sociale ou politique. Il s'agit donc d'un mode de classification relatif et arbitraire, même s'il apparaît au public naturel et motivé.

c. Une mise en scène langagière

Consacré par l'instance de production à travers cette opération de structuration de l'information, l'événement brut est également l'objet d'une ***mise en scène langagière*** qui vise à capter et à maintenir l'attention de l'instance de réception. Cette *mise en scène langagière* revêt bien évidemment des formes très variées selon les types de médias et les genres médiatiques. Elle prend appui sur plusieurs *matériaux sémiologiques* (écrit, oral, sonore, iconico-visuel) agencés suivant différents modes : scripto-visuel pour la presse écrite, audio pour la radio, audio-scripto-visuel pour la télévision.

d. Mise en langue, mise en intrigue et mise en discours

- Quel que soit le type de média, l'événement « brut », tel qu'il peut être restitué par une *dépêche*, fait toujours l'objet d'une ***mise en langue*** : les lieux et les acteurs sont dénommés, qualifiés, donc interprétés.
- A un premier niveau, il donne lieu à une **« mise en intrigue »** (Paul Ricœur) qui l'organise suivant une temporalité narrative et lui donne sens, en l'inscrivant dans une chaîne événementielle.
- Mais il est aussi, et plus généralement, l'objet d'un processus de ***mise en discours*** axé sur la satisfaction des attentes présumées de la cible. On peut en effet observer qu'en fonction des *visées communicatives* (▶ **chapitre 3, A**) poursuivies par les instances de production de l'information, les *modes narratif, descriptif, argumentatif*, sont sollicités dans des proportions variables selon les genres journalistiques empruntés.

Ainsi, les récits de reportage, qui obéissent à une *visée informative*, laissent peu de place au *mode argumentatif*. Ils prennent appui principalement sur le *mode narratif* (pour donner forme à des séquences d'action) et au *mode descriptif*, pour inscrire celles-ci dans des lieux et des décors. A l'inverse, un *éditorial*, genre exposant la position d'un collectif de journalistes sur un événement ou un phénomène, fera appel majoritairement au *mode argumentatif* et, de façon complémentaire, au *mode narratif*, pour développer par exemple un court récit appuyant un argument.

e. Des événements « provoqués »

• Il importe cependant de remarquer que bon nombre de faits traités par les médias ne sont pas des événements simplement *rapportés*, mais des événements *provoqués* par ceux-ci. Les débats politiques à la télévision, les *tribunes* signées par des personnalités et publiées par les journaux de presse écrite n'existent et ne prennent valeur d'événement que par la « volonté des médias », qui trouvent là un moyen de légitimation, puisqu'ils apparaissent ainsi comme des acteurs décisifs du débat démocratique.

• **Cette activité des médias n'est pourtant pas sans poser problème.** Elle soulève en effet la question des limites du rôle des médias informatifs, qui sélectionnent des thèmes placés à leur seule initiative au premier rang de l'actualité et qui pour recueillir de l'audience publique, favorisent systématiquement des acteurs publics déjà dotés de notoriété (les *logocrates*). Aussi peut-on remarquer à l'instar de Patrick Charaudeau (*Le Discours d'information médiatique*) qu'à trop provoquer l'événement, les médias « outrepassent les contraintes du contrat, font disparaître la finalité informative au profit de la captation et basculent dans le discours de propagande à des fins de promotion ».

C. DES STRATÉGIES COMPLÉMENTAIRES

Quel que soit le type d'événements (*rapportés* ou *provoqués*), la *mise en discours* de l'information donne lieu, toujours selon l'analyse de Charaudeau, au développement de deux types de *stratégies discursives* visant à conférer une crédibilité à l'instance de production informative, tout en lui maintenant un certain pouvoir de séduction.

• **Les stratégies de crédibilité.** Prépondérantes, ces opérations « véridictoires » ont pour objectif, face à un destinataire de plus en plus gagné par le doute, d'apporter des preuves de la **véracité** des faits exposés et de la **pertinence** des explications fournies à leur propos.

Elles se traduisent par un ensemble de manœuvres discursives axées sur l'obtention :
– **d'effets d'*authenticité* :** la recherche de ceux-ci explique, dans les genres narratifs comme le reportage ou l'enquête, les sollicitations d'acteurs ou d'observateurs des faits rapportés, dont les témoignages n'ont souvent de sens que parce qu'ils donnent crédit à la parole journalistique. Elle permet de comprendre également le recours fréquent, à la radio et à la télévision (▶ **chapitres 10, 11 et 12**), au *direct*, qui cautionne l'illusion de « contact » (im)médiat avec un réel s'imposant dès lors comme incontestable ;
– **d'effets de *vérité* :** leur recherche explique notamment les sollicitations dans les genres à dominante argumentative (analyses, commentaires) de voix « autorisées » qui sont celles de journalistes spécialisés ou d'experts convoqués sur la scène médiatique pour valider la parole journalistique.
● **Les stratégies de séduction.** Tout aussi indispensables, celles-ci sollicitent la part émotionnelle de tout lecteur, auditeur ou téléspectateur, qui est aussi un consommateur de spectacle.
Elles se traduisent par une recherche :
– **d'effets de *dramatisation***, dont la manifestation la plus courante est l'inscription des faits rapportés dans des schémas narratifs sollicitant les imaginaires fictionnels des destinataires. Des personnages de faits divers ou de faits historiques sont ainsi souvent installés dans des *rôles stéréotypiques* (le juste, la victime innocente) et engagés dans des récits obéissant aux principes dramatiques les plus archétypiques (la quête, la poursuite, l'affrontement).
– **d'effets de *ludisme***, qui prennent appui sur un ensemble de *jeux intertextuels* (parodies, pastiches, emprunts, allusions) et d'*implicites codés*.
Exemple : *Toubon boute l'anglais hors du français.*
Ces procédés de l'écriture journalistique sont particulièrement repérables dans les titres mais aussi dans le corps d'articles de la presse écrite à tonalité subjective (*billet, chronique*). Se proposant d'établir une complicité culturelle avec le destinataire, ils sont observables également dans l'attitude de certains présentateurs de journaux télévisés ou encore dans les agencements scénographiques de certaines émissions de télévision qui font explicitement référence à des lieux participant de la mémoire commune.

D. LÉGITIMITÉ ET CRÉDIBILITÉ JOURNALISTIQUES

Si l'on considère l'importance de ces opérations de « conditionnement » des faits érigés au rang d'événements, on mesure donc à quel point ceux-ci « n'existent que dans la mesure où les médias les façonnent (Eliseo Veron, *Construire l'événement*). Mais ce processus ne va pas de soi. Il engage toute instance de production de l'information à convaincre en permanence un destinataire qui peut à tout moment lui retirer son crédit de confiance. La légitimité journalistique n'est donc jamais acquise. Elle est conditionnée par une crédibilité qui se conquiert et se maintient :

– **sur le terrain du savoir** (l'aptitude à présenter et à valider les faits rapportés) ;

– **sur le terrain du savoir-faire** (l'aptitude à mettre en œuvre les règles d'écriture propres aux différents genres).

Sous-tendue par des enjeux commerciaux, la crédibilité d'une parole journalistique n'est jamais assurée. Elle est toujours placée sous la menace :

– de « ratés » et autres « bavures » (des falsifications volontaires ou non), qui sèment le doute chez un destinataire rendu de plus en plus averti par l'acquisition d'un savoir « métamédiatique » (la connaissance des principes de fonctionnement des médias) ;

– d'autres paroles journalistiques situées dans une même « zone de concurrence ».

CONSEILS DE LECTURE

BOYD-BARRETT O. et PALMER M., *Le Trafic des nouvelles. Les agences mondiales d'information*, Paris, Alain Moreau, 1981.

CHARAUDEAU P., *Le Discours d'information médiatique. La construction du miroir social*, Paris, Nathan, coll. « Médias et recherche », 1997.

TUCHMAN G., *Making News. A Study in the Construction of Reality*, New York, Free Press, 1973.

VERON E., *Construire l'événement. Les médias et l'accident de Three Mile Island*, Paris, Éd. de Minuit, 1981.

7 LA PUBLICITÉ : UN MARCHÉ, DU LANGAGE

La publicité révèle avec plus ou moins d'évidence deux des trois impératifs fondamentaux requis par la captation médiatique (▶ **chapitre 5**) : **le** *spectacle* **et l'***empathie*. Mais si elle cherche à capter une cible, c'est avant tout pour la conduire, par diverses stratégies, à un **acte de consommation.** A travers ses discours, la publicité vise donc un objectif qu'elle se garde bien d'expliciter : faire connaître un produit à des consommateurs potentiels pour le faire vendre. Dans ce processus sont engagés aujourd'hui quatre types de partenaires-acteurs : l'*annonceur*, qui est à l'origine du produit (l'entreprise, l'institution...) ; *l'agence*, qui va réaliser la campagne publicitaire (et tous les intervenants qu'elle mobilise : créatifs, producteur, réalisateur, directeur de la photographie...) ; le (ou les) *support médiatique* retenu pour la diffusion (affichage, presse, radio, télévision, cinéma) ; enfin la *cible*, objet d'enquêtes et d'études diverses (d'où, par exemple, la sollicitude publicitaire pour la « ménagère de moins de cinquante ans »).

A. DE LA PRATIQUE ARTISANALE DE LA PUBLICITÉ AU MARKETING CONTEMPORAIN

a. Le temps des *annonces*

Il y a certes une préhistoire de la publicité durant laquelle celle-ci, en tant que *pratique promotionnelle* à l'intérieur d'un marché, n'avait pas de réelle visibilité. On peut commencer l'histoire proprement dite au XVIIe siècle, en Angleterre et en France, avec la naissance de l'*imprimé publicitaire* sous l'aspect d'annonces commerciales, puis avec la fusion de l'activité journalistique (informative) et de l'activité publicitaire proprement dite en un seul et même ***support mixte*** : l'organe de presse. Le journal *The Times* en est l'aboutissement anglais au XVIIIe siècle. En France, c'est en 1836 que devait apparaître le premier *support mixte* : *La Presse*, lancé par Émile de Girardin.

b. Le temps des agences

Mais c'est aux États-Unis d'Amérique, vers le milieu du XIXe siècle, que la publicité s'institutionnalisera avec la création d'agences et accompagnera les progrès de la société industrielle.

En France, le modèle américain du *support mixte* qui s'adresse à un ***grand public*** s'impose tardivement, après l'apparition de la radio commerciale, pour entrer dans l'ère (actuelle) du *marketing*. La dernière évolution est à la fois institutionnelle (avec le développement du marché et des entreprises publicitaires) et communicationnelle : on est passé de la « réclame » à la publicité avec l'explosion du spot télévisuel (la publicité télévisée est autorisée en France en 1968).

B. DE LA « RÉCLAME » À LA PUBLICITÉ

a. Un message pour *faire savoir*

La « réclame », c'est-à-dire le premier type de publicité, est entièrement focalisée sur le produit, dont elle décline les qualités sans fioritures. Il s'agit d'une stratégie rudimentaire portée par une visée simple : faire connaître un bien de consommation et ses caractéristiques (en particulier son prix). Le message se compose d'une introduction qui présente le cadre dans lequel va se situer une anecdote construite autour du produit, et se termine par un gros plan sur ce même produit. Le tout est enfermé par la proposition commerciale.

b. Un message pour *faire valoir*

Au cours des années 1970, l'accroissement de la présence de la publicité à la télévision va conduire à une évolution de la conception même du spot. Cette évolution se caractérise par une propension à détacher le contenu du message du produit lui-même. On considère dès lors que ce qui est déterminant pour le succès commercial d'un produit, c'est la puissance d'évocation, la force de suggestion des images qui lui sont associées. C'est, selon une expression parfois usitée, sa « plus-value imaginaire ». Ce type de spot n'argumente donc pas seulement en faveur du produit, il argumente aussi en faveur de la publicité elle-même. Il s'impose en France au cours des années 1980. La publicité s'appuie désormais systématiquement sur des recherches « créatives » et sur des études visant à toujours mieux « cibler » son discours.

c. La « néo-réclame »

Avec la multiplication des spots (depuis 1992, plus d'un millier de créations par an en France) et des *écrans publicitaires*, pour le plus grand profit des chaînes, TF 1 et France 2 tout particulièrement, on observe une nouvelle évolution, que certains considèrent comme une régression : les messages publicitaires sont plus courts, nettement moins sophistiqués que durant les « années pub », plus sommairement argumentatifs. C'est, si l'on en croit les spécialistes, le déclin du *faire valoir* et le retour du *faire savoir*. Comme la réclame, ce nouveau type de spot reste centré sur le produit. Il vante ses qualités techniques. Ce n'est pas l'imaginaire du consommateur que l'on sollicite mais ses préoccupations pratiques, sans avoir recours comme précédemment à l'implicite, à la suggestion. Il est à noter cependant que, en France en particulier, ce modèle des années 1980 est encore très présent sur les écrans de télévision.

C. ANNONCEURS ET MÉDIAS : UNE INTERDÉPENDANCE D'ORDRE ÉCONOMIQUE

a. Une relation ancienne et structurelle

La relation média-publicité est donc fort ancienne et incontestablement structurelle, et il s'agit là d'une donnée qu'acceptent mal les professionnels de l'information. Car la publicité contribue pour une part souvent essentielle à l'équilibre financier des médias. Elle procure encore une part déterminante des recettes de la presse quotidienne régionale française. Avec l'hégémonie télévisuelle sur l'offre médiatique, l'interdépendance du marché publicitaire et des médias s'est considérablement accrue. Ainsi, les deux tiers des recettes de France 2 sont dues à la publicité, qu'il s'agisse de vente d'espaces pour le passage des spots ou de *parrainage* d'émissions.

b. La loi du marché publicitaire

Le marché médiatique est donc étroitement conditionné par l'investissement publicitaire, lequel est évidemment fonction des positions (en termes d'audience) des supports sur ce même marché. D'où l'importance (voire la « dictature ») des mesures audimétriques réalisées par les instituts spécialisés (comme Médiamat). Et d'où le danger, de plus en plus dénoncé, que représente l'évolution qui consiste à soumettre les médias à la loi du marché publicitaire et à conditionner ainsi le positionnement des médias jusqu'à peser sur leur ligne éditoriale (le choix des sujets, la manière de les traiter...).

D. LES PUBLICITAIRES ET LEURS CIBLES

a. Une efficacité conditionnelle

Les questions que ne manquent pas de se poser constamment les agences de publicité (et dont elles cherchent les réponses à travers des études quantitatives et qualitatives) concernent d'une part l'accueil que les usagers des médias réservent à la publicité, son degré d'acceptation, d'autre part les ressorts psychoculturels sur lesquels jouer pour atteindre efficacement telle ou telle cible (le consommateur en puissance).

En France, où l'on observe une présence de plus en plus importante des films publicitaires à la télévision, la tendance – dominante dès la fin des années 1980 – qui était à une neutralisation de l'opposition entre « publiphobes » et « publiphiles » s'est confirmée. Néanmoins, l'augmentation des *écrans publicitaires*, spécialement durant les heures de grande écoute (le *prime time*), et, à l'intérieur des écrans, la multiplication des spots (jusqu'à 22 heures), ne sont pas sans incidence sur l'impact réel des messages publicitaires. Certaines études font apparaître en effet qu'« il existe une relation entre le score moyen d'un spot et la charge de l'écran (le nombre de spots qu'il contient) : plus la charge de l'écran est faible, plus la mémorisation est forte ; plus la charge de l'écran est forte, plus la mémorisation est faible » (Joël Boillot et Giovanni Fabris, « Relation entre l'impact d'un spot TV et la charge publicitaire d'un écran », *Télévision et publicité*, IREP, 1987). Les enquêtes conduites par les agences ou les instituts spécialisés contribuent cependant à augmenter l'efficacité des campagnes dans les divers médias.

b. Cinq types de campagnes

Une analyse de l'articulation entre message publicitaire et *cible* a été proposée par l'une des agences très présentes sur le marché publicitaire, l'agence Australie. Celle-ci repère cinq « modèles ».

- Le modèle de l'***impulsion***, qui ne reposerait pas sur le raisonnement mais viserait à provoquer un acte de nature impulsive en influençant directement le comportement de l'acheteur. La motivation est le plus souvent ici d'ordre économique : ce modèle est mis en œuvre lors de campagnes promotionnelles (pour tel modèle de voiture par exemple).
- Le modèle de l'***adhésion***, qui s'adresserait à la sensibilité du consommateur. Il reposerait sur la connivence avec la cible autour de valeurs partagées. C'est, semble-t-il, le modèle qui

s'est imposé au cours des années 1980 et qui a, bien entendu, la faveur des créatifs des agences de publicité.

- Le modèle de la ***conviction***, qui reposerait sur une démonstration en bonne et due forme (preuves ou témoignages à l'appui). Les marques de lessive auraient une prédilection pour ce modèle.
- Le modèle de la ***différenciation***, qui chercherait à faire évoluer le point de vue du consommateur sur un marché spécifique, en faisant redécouvrir tel produit par exemple. Ce modèle jouerait volontiers de l'effet de surprise, de rupture, par rapport aux codes en vigueur.
- Enfin, le modèle de l'***existence*** se bornerait à perpétuer (en la consolidant si possible) la notoriété d'une marque (de parfum par exemple).

c. Un discours suspect

Cette configuration met bien en évidence ce fait majeur que « le discours publicitaire [se promène] entre le marketing et la séduction, entre l'énonciation simplement analytique des propriétés d'un objet et la mobilisation multiforme des ressources de la psychologie sociale » (Antoine Hennion et Cécile Méadel, « Les ouvriers du désir », *Sociologie de la communication*, *Réseaux*, Paris, CNET, 1997).

C'est ce dernier aspect que ne manquent pas de dénoncer certains observateurs critiques qui mettent en évidence la **manipulation** et le **conditionnement** dont sont victimes ceux qui sont exposés à la publicité : la perversion publicitaire consisterait à « photographier [...] certains aspects de l'individu ou certaines tendances du public ; sélectionner, parmi ces traits, ce qui peut s'accorder avec l'idéologie de la consommation ; amplifier alors, à l'intention de l'ensemble du public, les modèles ou styles de vie ainsi constitués » (François Brune, « Violences de l'idéologie publicitaire », *Le Monde diplomatique*, août 1995).

E. LA PUBLICITÉ COMME SPECTACLE

a. La créativité publicitaire

Le procès en pseudo-connivence selon lequel la publicité irait bien au-delà de la seule exigence d'*empathie* (▶ **chapitre 5**), souvent instruit, est récusé évidemment par les professionnels de la publicité, les créatifs tout particulièrement. A l'instar de

Jacques Séguéla, ils se considèrent « soldats du désir » et revendiquent un authentique travail de « création » qui passe par la recherche du bon « concept » de campagne (l'innovation, l'efficacité, le naturel, la jeunesse...), adapté à la fois au produit et à la cible, avant sa mise en discours.

La campagne publicitaire pour la lessive Omo de 1990 (annonces dans la presse et spots TV) est un bon exemple de campagne réussie, qui a su allier créativité, spectacle et efficacité. Il s'agissait de redresser l'image (et les ventes) du produit, en perte de vitesse face à la concurrence (« Omo est là, la saleté s'en va » s'était en effet sérieusement affaibli), en créant un impact en direction d'une population jeune tout en revalorisant la marque auprès des usagers traditionnels. La réponse a été la création du « poldomoldave », langue imaginaire mais construite sur la base d'emprunts à divers langages contemporains et utilisée par des singes au comportement étonnamment humain.

b. Un discours très observé

Le spectacle publicitaire cherche donc par diverses stratégies à séduire le consommateur effectif du discours afin qu'il devienne consommateur effectif du produit. C'est au titre du premier de ces objectifs que des sémiologues et des linguistes ont pris le discours publicitaire pour objet, aussi bien dans sa seule composante linguistique (le **slogan** par exemple ou, plus largement, le **texte publicitaire**) que dans sa composante iconique (l'**image** publicitaire), ou encore pour l'ensemble de la mise en scène audiovisuelle avec le spot.

Les analyses en question s'accordent pour considérer que le discours publicitaire contemporain est un **discours connotatif** qui sollicite les « sens seconds, culturels [...], autrement dit le contenu latent [...] des messages d'une époque » (Anne-Marie Houdebine, « Panzani revisitée », *MScope*, n° 8, 1994). C'est ce qu'avait montré une célèbre étude de Roland Barthes à propos de l'« italianité » exploitée dans une publicité pour les pâtes Panzani (« Rhétorique de l'image », *Communications*, Paris, Éd. du Seuil, n° 4, « Recherches sémiologiques », 1964).

La **fonction poétique du langage**, mise en évidence par le linguiste Roman Jakobson (*Essais de linguistique générale. Les fondations du langage*, Paris, Éd. de Minuit, 1963), qui ne concerne bien évidemment pas que la seule poésie mais tous les messages qui opèrent un travail sur les formes linguistiques, est manifeste dans les slogans publicitaires. Slogans qui par ailleurs utilisent

massivement deux figures de rhétorique : l'***hyperbole*** (exemple : « X lave plus blanc que blanc ») et la ***métaphore*** (exemple : « Mettez un tigre dans votre moteur »).
Le texte publicitaire a également intéressé les linguistes, qui ont décelé dans sa construction une **visée** fondamentalement **argumentative**. Le texte publicitaire repose en effet généralement sur des *mouvements argumentatifs* (plus ou moins discrets) qui doivent conduire le destinataire à une certaine conclusion, qui doit le conduire à un acte d'achat. L'argumentation publicitaire emprunte diverses constructions : outre certains modèles élémentaires comme le *syllogisme*, elle a recours à la description, au récit ou encore à d'autres structures textuelles spécifiques comme la devinette, le journal intime, etc.

F. UNE LIBERTÉ SURVEILLÉE

La publicité, dont on a pu dénoncer certains dérapages, de par son importance dans la communication sociale (en particulier depuis l'explosion des spots à la télévision) se doit d'être soumise à des règles « de bonne conduite ». Le Bureau de vérification de la publicité (BVP) est en France l'instance (au sein de laquelle les annonceurs, les agences et les médias sont représentés) qui veille au respect du consommateur et du citoyen par un contrôle *a priori* des messages publicitaires (les avis du BVP ne sont cependant pas contraignants).

CONSEILS DE LECTURE

ADAM J.-M. et BONHOMME M., *L'Argumentation publicitaire. Rhétorique de l'éloge et de la persuasion*, Paris, Nathan, coll. « Fac », 1997.
GRUNIG B.-N., *Les Mots de la publicité*, Paris, CNRS Éditions, coll. « CNRS Plus », 1990.
LAGNEAU G, « Histoire de la publicité », *in* SFEZ L. (sous la dir. de), *Dictionnaire critique de la communication*, 2 vol., Paris, PUF, 1993.
LENDREVIE J. (sous la dir. de), *La Communication efficace*, Paris, Dalloz, 1995.

PRESSE ÉCRITE : UN SUPPORT, MAIS PLUSIEURS CODES

Aux fondements mêmes de la communication médiatique (▸ **chapitre 1**), la presse écrite conserve, malgré la concurrence des médias audiovisuels, une place déterminante dans le système médiatique. Elle a su s'adapter de façon permanente à des publics toujours plus diversifiés, en s'inscrivant dans la tradition prestigieuse de l'imprimé tout en mobilisant les attraits et les ressources de l'image.

A. UNE ÉVOLUTION DES FONCTIONS

Un bref regard historique permet de mesurer l'évolution des fonctions exercées successivement par la presse.

a. L'apanage d'une élite sociale

Le plus souvent placée sous contrôle de l'État, la presse écrite est jusqu'au XVIIe siècle l'apanage d'une élite sociale. Reposant sur une périodicité assez étalée (hebdomadaire ou mensuelle) et sur un principe assez coûteux d'abonnement, elle offre aux classes dirigeantes les repères et les données nécessaires pour participer à la vie sociale et politique.

b. Un vecteur d'expression

Le journal connaît une première mutation au XVIIIe siècle. Élargissant son public grâce au développement d'autres pratiques de lecture (cafés, salons de lecture), il se révèle, notamment durant la Révolution française, comme un efficace vecteur d'expression pour les groupes d'opinion.

La presse écrite apparaît alors **tel un instrument essentiel d'organisation de « l'espace public »**. Cette notion, développée par Jürgen Habermas, désigne un espace symbolique intermédiaire entre la société civile et l'État. Accessible à tous les citoyens et aux divers groupes d'intérêt, il permet la formation, à travers des échanges argumentatifs, d'une « opinion publique » qui vient contrebalancer le pouvoir de l'État.

Cette période constitue un moment essentiel. Elle permet à la presse d'affirmer un rôle civique toujours revendiqué par l'ensemble des médias. Elle accélère également la définition d'un système de valeurs éthiques et déontologiques qui cimente, par-delà les divergences et les contradictions qui les opposent, l'ensemble des professionnels du secteur lorsque celui-ci est menacé ou mis en cause.

c. De l'opinion à l'information

Un deuxième basculement s'opère dans la seconde moitié du XIXe siècle. « Presse d'opinion » jusque-là, elle cède progressivement le pas à une « presse d'information » qui se consacre **« à la publicité des faits » et non « à la polémique des idées »** (Émile de Girardin). Le journal se banalise alors, délivrant son « obole quotidienne », selon l'expression de Lamartine.

On assiste à un élargissement de son public, rendu possible par l'abaissement des coûts et le recours à d'autres systèmes de distribution (marchands spécialisés, vente à la criée, puis distribution à domicile). Ce mouvement s'accompagne d'une transformation des contenus.

En témoignent dès la première moitié du XIXe siècle :

– la publication à la une de romans-feuilletons, découpés quotidiennement de façon à tenir en haleine le lecteur. De Balzac à Hugo, plusieurs de nos auteurs devenus aujourd'hui classiques ont sacrifié à cette pratique ;

– le privilège accordé à des faits divers, qui jouent comme facteur d'attraction pour un public récemment alphabétisé ;

– le recours à des dessins et gravures (création du journal *L'Illustration* en 1843), supplantés à la fin du XIXe siècle par des photographies. **Support « idéologique » jusque-là, le journal tend donc à devenir un produit culturel soumis à des logiques industrielles.**

d. Un handicap rédhibitoire

Connaissant son apogée à la veille de la Première Guerre mondiale, la presse écrite subit depuis cette époque une lente érosion de son audience. Différents facteurs historiques (les deux guerres mondiales notamment) ont contribué à ce déclin, ainsi que des causes structurelles, fragilisant ce secteur, en France particulièrement.

Mais la presse écrite a aussi affronté la concurrence de la radio puis de la télévision, qui se sont arrogé différentes fonctions qu'elle assurait précédemment. Le handicap rédhibitoire de la presse écrite par rapport à ces deux supports est bien en effet qu'elle n'intervient qu'« après coup », « dans un second temps ». Malgré le raccourcissement considérable des délais de transmission de l'information primaire (rendu possible dès le milieu du

XIXe siècle par le télégraphe), puis des temps de fabrication du produit, elle a été progressivement supplantée dans sa fonction de délivrance de la nouvelle par ces deux médias dotés d'une capacité de transmission « instantanée » de l'information. Faisant de nécessité vertu, elle a développé, du moins pour ce qui concerne la *presse généraliste*, une fonction d'analyse et de commentaire de l'actualité, en soulignant la prise de recul qu'autorise l'écrit, irrémédiablement condamné au « différé ».

B. CARACTÉRISTIQUES DU CADRE SITUATIONNEL

a. Un écart spatial et temporel

Ce mode de présentation du rôle de la presse n'est pas sans fondements. Le *cadre situationnel* (▶ **chapitre 4, C**) sur lequel elle repose n'implique pas, à la différence de ce qui se produit pour les médias audiovisuels, une mise en rapport direct des instances de production et de réception. Des formes de « dialogues » peuvent certes être observées dans certains journaux (pour adolescents par exemple), qui répondent aux interrogations de leurs lecteurs sous la forme de « conseils de vie ». Mais ces dialogues, quand ils sont authentiques et ne répondent pas à des fins stratégiques (▶ **chapitre 4, A, c**), ne sont ni bilatéraux ni instantanés.

On peut avancer aujourd'hui que les formules électroniques proposées de plus en plus par les journaux (▶ **chapitre 15**) vont réduire considérablement les délais de disponibilité de l'information, voire permettre la mise en œuvre de vrais dialogues interactifs. Mais ces dispositifs technologiques n'annuleront jamais le temps nécessaire au journaliste pour enregistrer et organiser les données et les formaliser sous la forme d'un message. On peut donc considérer que **les instances de production et de réception restent, dans la presse écrite, irréductiblement séparées par un écart temporel et spatial.** Ce qui est de nature à favoriser le développement d'une attitude plus « distanciée » chez le lecteur, préservé d'une influence directe et immédiate du producteur d'information.

b. Une prépondérance du verbal

Le journal prend appui, pour l'essentiel, sur un matériau verbal qui présente des propriétés le distinguant des autres codes *sémiologiques*. Le verbal participe en effet de l'*ordre du sym-*

bole, qu'Eliseo Veron oppose, en se référant à la catégorisation proposée par Charles Sanders Peirce (*Écrits sur le signe*, Paris, Éd. du Seuil, coll. « L'ordre philosophique », 1978), à l'*ordre iconique* et à l'*ordre indiciel*.

- **L'*ordre du symbole*.** Il se manifeste particulièrement dans les signes linguistiques, essentiellement *arbitraires* comme ceux constituant d'autres *systèmes codiques* (le morse par exemple). Leur signification résulte d'une *convention*. Elle implique un apprentissage.
- **L'*ordre iconique*.** L'*ordre symbolique* s'oppose à l'*ordre iconique* qui préside à toutes les représentations *analogiques* (entretenant une relation de ressemblance avec les objets dénotés). Toutes les *images figuratives* relèvent de cet ordre.
- **L'*ordre indiciel*.** L'*ordre symbolique* se distingue également de l'*ordre indiciel*, qui repose quant à lui sur des relations de *contiguïté*, autrement dit sur des jeux de « renvois métonymiques » (Eliseo Veron) entre des phénomènes ayant des « liens existentiels » (Peirce). Une trace désignant par exemple le passage d'un animal est ainsi de nature *indicielle*. Mais c'est aussi le cas de certaines images, telles les images photographiques. De par leur haut niveau de ressemblance, elles relèvent de l'*ordre iconique*. Mais elles se distinguent d'autres images figuratives (comme les dessins) par leur composante *indicielle* puisqu'elles résultent d'une empreinte de lumière sur une surface photosensible.

C. UNE POSSIBLE DISTANCIATION

a. Une capacité d'abstraction

La prépondérance du verbal, et donc de l'*ordre symbolique*, dans un journal n'est pas indifférente. Comme l'a mis en évidence Daniel Bougnoux, le recours à la langue est coûteux en termes d'efforts. Il équivaut à renoncer aux « sensations » auxquelles font appel les *ordres iconique* et *indiciel*. Il oblige à opter pour la « signification », l'individu comme la civilisation devant s'arracher « aux contacts primitifs pour apprendre l'abstraction, la combinatoire symbolique et les nombres » (*La Communication par la bande. Introduction aux sciences de l'information et de la communication*, Paris, La Découverte, 1991).

Le journal présuppose en conséquence chez le récepteur **une attitude en réception caractérisée par une certaine activité d'abstraction**. Celle-ci peut être également requise par les autres médias qui s'appuient principalement (et notamment la télévision) sur l'*ordre iconique* et l'*ordre indiciel*. Mais on peut retenir qu'elle est particulièrement sollicitée par le journal écrit, qui a également recours à l'*ordre iconique* et à l'*ordre indiciel* (▶ *supra*, B).

b. Une résistance à la manipulation

Il n'est pas indifférent cependant de souligner que ce matériau verbal revêt dans le journal une forme écrite et imprimée, ce qui lui confère une stabilité et une relative permanence le rendant disponible pour des lectures à plusieurs niveaux.

Ces deux attributs du journal écrit permettent en effet :

– à son lecteur « naturel » d'opérer des lectures « de surface » ou au contraire de procéder à des retours en arrière à des fins de vérification, ce qui n'est pas possible avec les médias audiovisuels, fondés sur un défilement continu des signifiants ;

– à des lecteurs « seconds » (les chercheurs principalement) de disposer, sur des périodes passées, de documents précieux par leur richesse et leur disponibilité.

Le journal vérifie donc à cet égard la remarque formulée par Robert Escarpit (*L'Écrit et la Communication*) à propos du texte écrit, suivant laquelle celui-ci, en opposant « l'inertie de son existence physique », « résiste à la manipulation » et « rend possible une dialectique entre son lecteur et lui ».

c. Une recentration sur le contenu

Se prêtant à diverses lectures immédiates ou différées, le journal écrit semble donc offrir, de par la nature même de son signifiant, d'autres garanties intellectuelles que tout autre média. Si l'on se réfère à la théorisation de Paul Watzlawick (*Une logique de la communication* [en collab.], Paris, Éd. du Seuil, coll. « Points Essais », 1979), on peut donc avancer qu'**il rend possible (sans la garantir pour autant) une recentration du lecteur sur le *contenu* de la communication, reléguant au second plan la *relation* qui sous-tend celle-ci.**

Cette caractéristique explique l'importance prise dans la presse généraliste internationale par des genres rédactionnels faisant appel à la « raison argumentative » comme les éditoriaux, les analyses et les commentaires. Peu appropriés aux médias audiovisuels, ils occupent, en vertu d'une redistribution des fonctions entre médias, une place croissante dans les sommaires de ce type de presse, de même que les « tribunes » signées par des collabo-

rateurs extérieurs, ou les « dossiers » offrant sur un même événement différentes perspectives d'analyse.
Cette primauté du verbal permet donc à certains égards de situer le journal dans la filiation de l'imprimé classique. Elle explique la valorisation dont la presse écrite continue à bénéficier dans l'ensemble de la profession. On peut en prendre conscience lors des crises de crédibilité que traversent régulièrement les médias, inévitablement suivies par des mouvements de réhabilitation de la presse écrite.

D. UN IMPRIMÉ TRÈS SPÉCIFIQUE

a. Les particularités de l'écrit journalistique

● Malgré ce rattachement à la tradition *scripturale*, il convient de ne pas oublier que le journal répond à des logiques de rentabilité et à des impératifs d'efficacité qui différencient fortement l'écrit journalistique des écrits littéraires. On peut observer en effet une tendance très nette de l'écrit journalistique au strict respect des normes et des codes, en particulier pour ce qui concerne la *mise en discours* et le matériau linguistique mobilisé (tournures, vocabulaire, emploi des temps). Ainsi, l'écrit de presse semble dominé par un ***principe de scription*** (Henri Boyer, *L'Écrit comme enjeu*) qui exclut toute innovation sur le plan de la forme : la rédaction se doit d'être sobre et conforme au modèle dominant dans la plupart des rubriques.

● Cela ne signifie pas qu'un travail sur la forme soit totalement absent de la production journalistique. Dans chaque journal, certaines rubriques (le billet, l'éditorial, la chronique), certains rédacteurs, offrent parfois au lecteur des textes remarquables par le ton (polémique, humoristique), la construction (énigme, parodie) et bien entendu le style. De plus, certains organes de presse délibérément satiriques (*Le Canard enchaîné*) ou critiques par rapport à une certaine tradition de l'écrit journalistique ont recours abondamment au ***principe d'écriture*** (Roland Barthes), qui s'oppose au ***principe de scription*** par une latitude plus ou moins importante à l'égard des codes en vigueur. Mais d'une manière générale, c'est la **scription** qui domine dans l'ensemble des écrits de presse. L'informatisation de la production journalistique et les éditions électroniques actuelles (▶ **chapitre 15**), par les contraintes de *formatage* qu'elles supposent, ne peuvent que renforcer cette tendance.

b. Un régime « scripto-visuel »

L'écrit journalistique se combine en dernier lieu à d'autres matériaux sémiologiques de type visuel (les différentes illustrations), qui viennent interagir avec lui pour donner lieu à un régime de signification *scripto-visuel* jouant sur les ressources combinées du *visible* et du *lisible* (▶ **chapitre 9**).

De cet ensemble de facteurs résulte un tout autre mode de lecture que celui imposé par l'imprimé classique. Il est *linéaire* dans ce premier cas puisque soumis à la succession des mots dans la page. Il est aussi *linéaire* pour les journaux de presse écrite, si l'on se situe du point de vue des différents articles. Mais ce mode d'appropriation est, à l'échelon de la page, *tabulaire* puisque s'effectuant de façon globale et synthétique. **La lecture du journal se caractérise donc par une irréductible liberté du lecteur, qui s'engage dans des parcours de découverte singuliers** et qui construit, par des jeux d'associations entre les unités informationnelles (articles et illustrations), d'imprévisibles « réseaux de signification ».

CONSEILS DE LECTURE

ALBERT P., *La Presse*, Paris, PUF, coll. « Que sais-je ? », 1996 (11e éd.).

BOYER H., *L'Écrit comme enjeu. Principe de scription et principe d'écriture dans la communication sociale*, Paris, Didier-Credif, 1988.

CHARON J.-M., *La Presse en France de 1945 à nos jours*, Paris, Éd. du Seuil, coll. « Points Politique », 1991.

ESCARPIT R., *L'Écrit et la Communication*, Paris, PUF, coll. « Que sais-je ? », 1993 (5e éd.).

9 « PRESSE-ÉCHO » ET « PRESSE-MIROIR »

Prenant appui sur des moyens diversifiés, l'information est l'objet dans la presse écrite d'une mise en scène **dont les principes sont imposés, comme pour les autres médias, par les contraintes du *support*.** Mais la physionomie que présentent actuellement les journaux, très différente de celle observable dans les siècles passés, s'explique aussi par l'évolution qu'a connue historiquement la presse (▶ **chapitre 8**). Celle-ci n'est plus pour l'essentiel aujourd'hui, comme on l'a vu précédemment, une « presse-organe » visant à faire communier autour de valeurs partagées rédacteurs et lecteurs de l'information. Elle est essentiellement, comme le remarquent Maurice Mouillaud et Jean-François Tétu, une « presse-miroir » d'événements et une « presse-écho » (*Le Journal quotidien*). « Presse-miroir », elle tire son pouvoir d'attraction de sa capacité à apparaître comme un simple lieu de reproduction des événements surgissant dans le monde. « Presse-écho », elle tient son autorité de sa capacité à faire entendre des voix qui accréditent la « vérité » de son propos.

A. L'AUTORITÉ DU VERBE

a. Une écriture « réaliste »

Le projet de se présenter comme un pur lieu d'enregistrement de la réalité explique le recours de plus en plus fréquent aux photographies, créditées par les représentations sociales d'une grande « objectivité » (▶ ***infra*, B, a**). Mais il est tout aussi présent dans les énoncés verbaux. Très révélatrice est à cet égard une analyse linguistique des *dépêches* d'agences. Supports des *nouvelles* (▶ **chapitre 6**), les productions d'agences constituent plus largement un modèle de référence pour les écritures journalistiques contemporaines, qui tendent à lui emprunter, à l'exception de certains genres argumentatifs (*l'éditorial, les analyses, les tribunes*), ses principes de rédaction.

- **Le premier de ces principes** est un parti pris d'effacement des marques des deux partenaires de la communication. Supprimant toute manifestation de subjectivité, la *dépêche* illustre parfaitement un mode d'énonciation *délocutif* (qui parle du monde), sans se risquer à emprunter un mode *allocutif* (comportant des traces du destinataire, comme le « vous ») ou *élocutif* (renvoyant à l'énonciateur à travers des marques de subjectivité comme le pronom « je »). Elle se présente ainsi comme un message strictement *référentiel.*

- Le **deuxième principe** concerne, si l'on se réfère à l'analyse de ces chercheurs, le lexique, emprunté le plus souvent aux institutions (politiques, militaires, etc.) dont il est question, ce qui concourt également à produire un « discours mimétique ».
- Le **troisième principe** d'écriture réside dans l'emploi de différentes formes de *modalisations,* qui permettent de prendre ses distances avec le propos tenu par la *source.*
- Le **quatrième et dernier principe** a trait à l'organisation syntaxique de l'énoncé, favorisant les juxtapositions et éliminant les relations de causalité.

Cette forme d'écriture journalistique, qui est complétée dans les genres « factuels » comme le reportage par des descriptions détaillées, s'est codifiée à la fin du XIXe siècle. Axée entièrement sur la recherche d'« effets de réel » (Roland Barthes), elle entretient d'étroites relations historiques et stylistiques avec l'écriture des écoles littéraires *réaliste* et *naturaliste.*

b. Une alliance de voix

L'« illusion référentielle » que vise à créer ainsi le discours de la presse écrite est une des conditions fondamentales de la crédibilité journalistique. Mais celle-ci doit, pour se perpétuer, s'accompagner de *stratégies d'authentification* (▶ **chapitre 6**) validant la parole informative. Cette exigence explique la convocation de multiples « voix », qui viennent se croiser et « s'emboîter » dans les énoncés informatifs.

Le journal ne se contente pas cependant de « rapporter » ces discours émanant de diverses sources. Ayant recours à plusieurs formes codifiées (« selon des sources officielles », « officieusement », etc.), **il les crédite de différents degrés de fiabilité,** marquant une plus ou moins grande distance avec la *source* citée.

Les titres sont à cet égard très révélateurs, comme le met en évidence l'exemple suivant : « Soupçonnée d'être à l'origine de "fuites", une femme agent des services secrets péruviens aurait été torturée » (*Le Monde,* 16 avril 1997).

Refusant d'assumer cette information, l'énonciateur formule doublement par l'emploi du conditionnel et de guillemets ses réserves à l'égard de ses sources.

B. LES RESSOURCES DE L'IMAGE

Le parti pris de reproduction et d'authentification du réel qui anime aujourd'hui l'ensemble de la presse écrite prend appui, on vient de le voir, sur le matériau verbal. Mais il trouve un très précieux auxiliaire dans les images qui accompagnent celui-ci. On s'intéressera plus particulièrement ici à la photographie et au dessin humoristique, déjà riches d'une longue tradition, ainsi qu'au dessin d'illustration, de plus en plus présent dans les colonnes des journaux.

a. La photographie

Prenant place dans les pages des journaux dès la fin du XIXe siècle, la photographie est venue relayer les illustrations, qui avaient largement contribué au développement de la presse populaire.

● **Une dimension *indicielle*.** Ces illustrations étaient souvent saisissantes de réalisme par leur haut niveau de ressemblance, donc d'*iconicité*. La photographie introduit par rapport à elles, comme on l'a vu (▶ **chapitre 8, B**), une rupture qualitative en rajoutant une dimension *indicielle*. Son statut d'« empreinte » du réel lui confère un pouvoir *d'authentification* dont sont privées les illustrations (y compris les plus ressemblantes), qui présupposent une médiation humaine. Le gain de crédibilité que cette dimension lui procure explique que **la photographie occupe aujourd'hui une fonction stratégique dans la grande majorité des journaux**.

● **Des images prises sur le vif.** La photographie de presse prend toute sa dimension lorsque, sous les atours du scoop, elle rend compte d'un événement saisi et figé « pour l'éternité » à son moment le plus dramatique. Prises « sur le vif », ces scènes le plus souvent tragiques (l'assassinat d'Ytzhak Rabin, faisant suite à celui de John Kennedy et d'Anouar el-Sadate) s'affichent alors en pleine page à la une de tous les journaux. Mais elles sont de fait assez rares, le reporter-photographe n'étant pas le plus souvent présent (comme tout journaliste d'ailleurs) au moment où adviennent les faits, mais après, pour en constater les résultats.

● **Des images codifiées.** L'essentiel des photos présentées dans la presse ne relève donc pas de la catégorie des *instantanés*. Il s'agit d'images, fondamentalement pauvres en information, **dont la force repose non pas sur l'exceptionnalité mais sur leur dimension codifiée**. Poignées de main à l'issue d'une rencontre diplomatique, main levée à l'issue d'une compétition sportive : faisant appel à une « grammaire des corps », les photographes de presse privilégient ces gestes pour leur dimension rituelle et la reconnaissance sociale que l'on peut en escompter.

● **Un texte orientateur.** Cette opération est facilitée par le travail d'« encadrement du sens » opéré par des textes d'accompagnement. Assurant une fonction de *relais*, une légende peut venir apporter au lecteur des informations (identification des lieux, des personnes...) que ne peut véhiculer l'image. Mais elle vient aussi fréquemment assurer une fonction d'*ancrage* du sens, **en orientant la lecture de l'image dans le sens recherché par l'instance de production.**

De nature « mythographique » selon l'analyse de Frédéric Lambert, la photo de presse ne vient donc pas le plus souvent « capter l'événement ». « Elle entretient avec l'événement un rapport de force : elle veut lui imposer ses vues », en dessinant celui-ci « selon les règles de représentation que doit prendre aujourd'hui le fait pour être diffusé » (*Mythographies*).

b. Le dessin humoristique

Le dessin humoristique, qui est une composante essentielle de la une de plusieurs journaux de la presse généraliste, participe d'un tout autre fonctionnement sémiologique et assure une tout autre fonction que celle-ci.

● **Des traits pertinents.** Son élaboration repose à un premier niveau, comme la caricature, sur une sélection de *traits pertinents* qui sont ensuite accentués à des fins de dérision (le nez du général de Gaulle, la mâchoire de Bill Clinton...). S'établissant comme des *conventions graphiques*, ces traits distinctifs peuvent ainsi jouer comme des facteurs très efficaces de reconnaissance du personnage et des situations représentés.

● **Une économie de moyens.** Les effets humoristique, parodique ou satirique de ce type de représentation graphique résultent d'une remarquable économie de moyens, à la différence des émissions (*Les Guignols de l'info* sur Canal +) qui assurent une fonction analogue à la télévision. Le dessin humoristique s'appuie en effet essentiellement sur des « procédés d'inversion » ou d'amplification de rôles ou de situations mettant en scène des personnages publics, ainsi tournés en dérision.

Exercice journalistique à part entière, le dessin de presse constitue de ce fait **un très efficace instrument de commentaire et**

d'analyse de l'actualité. Mettant au jour des éléments pressentis par l'opinion publique mais informulés ou refoulés en vertu des normes sociales, il est redouté par les pouvoirs, qui y voient une source de déstabilisation. Mais comme nous y invite Georges Balandier (*Le Pouvoir sur scènes*, Paris, Balland, coll. « Fondements », 1992), qui le situe dans la tradition de la « bouffonnerie graphique », il peut être aussi analysé tel un « libérateur de tensions » œuvrant, par ses transgressions, à une restabilisation de l'ordre établi.

c. Les dessins d'illustration

La généralisation des techniques *infographiques* dans la fabrication de la presse a accentué la présence dans les pages de journaux de divers dessins d'illustration, aux formes plus ou moins *schématisées*. Non autonomes à la différence des dessins humoristiques, ils assument une fonction d'explicitation d'éléments évoqués dans des articles supports.

- **Un processus de reconstitution.** Relevant d'un processus de *reconstitution*, ce type de représentations permet, sous la forme de dessins *analogiques*, de donner à voir un événement totalement imprévu, qui n'a pu donc être saisi par un moyen d'enregistrement *machinique* (photographie, vidéo). L'accident survenu dans le tunnel sous la Manche d'une navette du train Eurostar en est un bon exemple.
- **Un procédé de *visualisation*.** Relevant d'un procédé de *visualisation* (Patrick Charaudeau), des cartes, schémas et planches permettent d'accéder, par le biais de formes de transpositions, à des réalités non perceptibles à l'œil nu. Ils reposent, comme les dessins humoristiques, sur des *conventions graphiques* soumises à apprentissage. Mais ils se différencient de ceux-ci par les *effets visés*, qui sont de l'ordre de la « scientificité », incarnée par cette instrumentation visuelle qui intervient pour cautionner la parole journalistique et la crédibiliser (▶ **chapitre 6, C**).

C. LA MISE EN PAGE COMME RHÉTORIQUE DE L'ESPACE

L'impact de ces messages verbaux et visuels est encore amplifié par la *mise en page* dont ils sont l'objet. Celle-ci est le théâtre de plusieurs opérations.

a. La typographie

La première consiste en une forme d'*iconicisation* du signifiant graphique, la lettre. **Traitée comme une image à part entière, celle-ci peut prendre des formes et des valeurs très variables en fonction de la typographie retenue.** Porteuses de connotations, les *familles de caractères* adoptées par les différents journaux représentent ainsi pour chacun d'entre eux (de même, à la télévision, tous les procédés d'« habillage » des chaînes) un *marqueur d'identité*, auquel restent très sensibles les collectifs de journalistes. En témoigne par exemple, et malgré de nombreuses modifications de maquette, l'emploi permanent de la gothique pour le titre du journal *Le Monde*. Les variations dans les choix de familles de caractères, mais aussi de leur *corps* (taille) et de leur *valeur* (progression du blanc au noir), interviennent également pour différencier les rubriques et les articles ou pour hiérarchiser ces derniers.

b. D'autres variables

D'autres éléments de différenciation sont utilisés pareillement dans la mise en page.

- **La largeur et le nombre de colonnes**, qui confèrent, en vertu d'une règle implicite de proportionnalité, une plus ou moins grande importance à un titre, donc à une information. Selon l'expression consacrée, un titre qui occupe « cinq colonnes à la une » revêt une importance exceptionnelle.
- **L'emplacement,** qui, en fonction de contraintes culturelles, est considéré par les professionnels comme plus ou moins favorable. L'emplacement en haut et à gauche est ainsi considéré en Occident, compte tenu du sens de lecture, comme le plus valorisant.
- **La surface** consacrée à l'unité d'information, qui ne revêt pas cependant de valeur absolue, puisque ne valant que par rapport à celle accordée aux autres informations concurrentes.

c. Des « renvois métonymiques »

Mobilisant l'ensemble de ces variables, la mise en page utilise donc pleinement les « propriétés du plan pour faire apparaître des relations de ressemblance, d'ordre et de proportionnalité entre des ensembles donnés ». Elle se présente ainsi, selon l'analyse de Maurice Mouillaud et de Jean-François Tétu, **« comme une rhétorique de l'espace qui destructure l'ordre du discours** (sa logique temporelle) pour reconstituer un discours original qui est précisément le discours du journal ».

Celui-ci bénéficie, comme on a pu le constater, de multiples ressources signifiantes relevant majoritairement de l'*ordre symbolique* et de l'*ordre iconique*. Mais ce discours ne peut totalement s'exercer que parce qu'il est susceptible aussi de mobiliser, dans la mise en page, l'*ordre indiciel*. Comme le fait remarquer Eliseo Veron (« Le séjour et ses doubles : architectures du petit écran », *Temps libre*, n° 11, 1984), l'appropriation du journal s'effectue en effet à travers un jeu continu de *renvois métonymiques* (▶ **chapitre 8, B**) auxquels procède le lecteur en circulant par son regard entre les *unités informationnelles* distribuées dans l'espace de la page. Elle présuppose en conséquence une mobilisation du « corps signifiant » du lecteur, qui n'entretient pas avec ce type de support un rapport distancié, fait de froideur et de détachement, mais une forme réduite et néanmoins effective de *contact*, qui prend sa pleine dimension dans les autres médias (▶ **chapitres 10, 11 et 12**).

D. UNE COMPÉTITION ÉNONCIATIVE

a. Tendances générales

Le média écrit a connu depuis la fin de la Seconde Guerre mondiale de profondes transformations. Elles vont encore s'accentuer avec le développement de nouveaux services électroniques destinés à contrecarrer la concurrence des médias audiovisuels (▶ **chapitre 15**).

Des différences de tendances peuvent être observées selon les pays. Mais si l'on se réfère uniquement au critère du *lectorat*, on peut noter :
- un déclin freiné mais effectif de la grande presse quotidienne générale ;
- une bonne résistance de la presse quotidienne régionale ;
- un succès confirmé de la presse magazine d'information, particulièrement en France ;
- le dynamisme de la presse spécialisée, économique notamment.

b. Une segmentation accrue

Très significatif est ce dernier mouvement, qui met en exergue le mouvement de *marchandisation* dont a été l'objet la presse. Les *projets éditoriaux* qui se développent aujourd'hui, y compris dans la presse quotidienne (voir en France l'expérience malheureuse d'*InfoMatin*), ne résultent plus, à de rares exceptions près, d'initiatives intellectuelles ou citoyennes, mais d'initiatives commerciales.

Ce mouvement s'est traduit par une segmentation accrue du lectorat, défini de plus en plus finement en fonction de critères d'âge, de revenus, de « styles de vie », d'habitation. Il a pour effet une concurrence croissante entre des journaux identiques par leur contenu et visant des clientèles aux caractéristiques et aux attentes très proches.

c. Sur le terrain du discours

C'est donc toujours davantage sur le plan des *stratégies énonciatives* que s'établit la compétition entre des journaux directement concurrents. Qu'est-ce qui fait en effet la différence entre des magazines féminins destinés à une même catégorie d'âge ? Voire entre des grands journaux relevant de la « presse de qualité » ? Non pas les thèmes traités, les mêmes pour l'essentiel, ni les contenus des éditoriaux, aux *positions argumentatives* assez prévisibles. Mais essentiellement un ton plus ou moins pédagogique et distancié ou plus ou moins complice et connivent. Une telle observation, qui vaut d'ailleurs pour tous les médias informatifs, souligne que la concurrence économique, évoquée en permanence entres les médias, **se joue toujours en dernière instance sur le terrain du discours**.

CONSEILS DE LECTURE

De La Haye Y., *Journalisme, mode d'emploi. Des manières d'écrire l'actualité*, Grenoble, La Pensée sauvage, coll. « Média discours », 1985.

Koren R., *Les Enjeux éthiques de l'écriture de presse et la mise en mots du terrorisme*, Paris, L'Harmattan, 1996.

Lambert F., *Mythographies*, Paris, Edilig, 1986.

Mouillaud M. et Tétu J.-F., *Le Journal quotidien*, Lyon, PUL, 1989.

10 LA RADIO : IMMÉDIATETÉ ET CONTINUITÉ

La *radiophonie* introduit dans l'histoire des médias de masse une rupture tenant à son *cadre situationnel* et à son *matériau signifiant*, qui induisent un tout autre type de *relation communicative* que celle instaurée par la presse écrite. Plusieurs fois, certains lui ont prédit un déclin inéluctable. Mais elle a su se régénérer, en se spécialisant dans de nouvelles fonctions complémentaires de celles exercées par les autres médias.

A. UNE TRANSFORMATION DES CONDITIONS DE RÉCEPTION

a. De l'écoute familiale...

Lorsqu'elle fait son apparition, au début des années 1920, la radio constitue une forme de communication *point à point* pratiquée essentiellement par les *sans-filistes* amateurs. Mais sous l'effet des usages sociaux, elle évolue vers une forme de communication de *point à masse* qui lui donne son visage actuel de *média public*.

Bénéficiant d'un courant social, celui du *divertissement à domicile*, elle connaît un fulgurant succès. Elle offre en effet à des familles repliées sur l'*espace privé* divers spectacles à domicile (concerts, causeries, puis informations), qui sont consommés longtemps sous la forme d'une écoute collective. Média d'information et d'expression, elle joue, durant ses trente premières années, **un rôle non négligeable sur le plan historique**. On sait l'importance qu'elle a pu revêtir en Allemagne pour la diffusion de la propagande hitlérienne, dans la période de montée du nazisme. Mais aussi, *a contrario*, pour le maintien d'un esprit de résistance en France, durant la Seconde Guerre mondiale, avec les émissions de la France libre diffusées à partir de Londres.

b. ... à l'écoute individuelle

On peut observer, durant cette période, un premier dédoublement des pratiques radiophoniques. Celles-ci font de plus en plus alterner des formes d'écoute distraite et intermittente (correspondant à une « radio d'ambiance ») et d'écoute concentrée pour certaines émissions valorisées (comme les bulletins d'informations).

Mais c'est l'apparition du transistor, dans les années 1950, qui introduit une coupure déterminante **en transformant radicalement les conditions de réception du média**. Au poste familial lourd et statique succèdent des récepteurs miniaturisés qui permettent une écoute mobile et individuelle. Correspondant au développement d'une *culture juvénile* autonome (rock, puis yé-yé au début des années 1960), cette innovation technique redonne un second élan à ce média de plus en plus concurrencé par la télévision. On peut noter également qu'elle a pu durant cette période peser de façon non négligeable sur le cours de certains événements. Les historiens évoquent principalement, en avril 1961, le « putsch des généraux », désamorcé par le président de Gaulle, qui dissuada le contingent en Algérie de se rallier aux généraux factieux grâce à ces appareils individuels présents dans les casernes.

c. L'apparition de réseaux

Une troisième époque s'ouvre en France dans les années 1980 avec l'intervention d'un premier facteur : la transformation du « paysage radiophonique », libéralisé par la loi sur l'audiovisuel du 29 juillet 1982. On assiste ainsi au début de cette décennie à une éclosion de « radios libres », dont l'esprit est maintenu aujourd'hui par les *radios associatives*. Mais elles sont rapidement supplantées par différents réseaux privés de radios locales. Chacun de ces réseaux se caractérise par un *format* (orientation programmatique définissant un style musical) et une *couleur* (voix, ton des animateurs, « jingles », mode d'insertion des publicités, politique d'information), aisément identifiables par l'auditeur. Correspondant à une cible bien particulière, *format* et *couleur* ont une importance stratégique **car ils permettent de situer les différentes chaînes sur le marché publicitaire**.

d. Radios thématiques-radios généralistes

Profondément renouvelé, le système radiophonique français s'organise donc aujourd'hui autour de deux grands types de stations :

– **les radios** ***généralistes***, de statut public ou privé, qui reposent sur une programmation variée, faisant alterner, en fonction des plages horaires, différentes émissions s'adressant à des publics à la composition et aux attentes variables ;

– **les radios** ***thématiques***, qui, illustrant le processus de *segmentation* du public, se spécialisent dans un seul type de contenus.

Il s'agit pour l'essentiel des stations musicales, mais les radios spécialisées dans l'information (générale, économique, culturelle) relèvent de cette catégorie.

e. Un « branchement énergétique »

Un autre facteur de transformation de la communication radiophonique intervient durant cette période. Il s'agit du *baladeur*, qui amplifie encore **le processus d'individualisation de la réception**. Participant des formes de communication *nomade*, il illustre un mouvement plus général de réaménagement de l'espace public, « où l'individu est à chaque instant ici et ailleurs ; seul et relié aux autres » (Patrice Flichy, *Une histoire de la communication moderne*).

Très prisée par les jeunes, cette innovation technique implique, notamment pour certains morceaux musicaux très rythmés, une élévation du niveau sonore qui sollicite davantage le corps du récepteur. Elle laisse ainsi apparaître un nouveau type de relation au média, qui relève d'une forme de « branchement », énergétique et pulsionnel, s'apparentant à celui recherché sur le plan audiovisuel par le « clip » musical.

B. PROPOSER DES SPECTACLES SONORES

a. L'ère de l'instantanéité

Point d'aboutissement de formes déjà anciennes de *télécommunications* (le télégraphe optique, le télégraphe électrique, le téléphone, puis le télégraphe sans fil), la radio introduit dans l'ère de l'instantanéité. La transmission de l'information n'est plus désormais tributaire, comme c'est le cas pour la presse traditionnelle, du transport d'un *support* matériel. Peut s'établir ainsi entre l'instance de production et l'instance de réception **une relation de cotemporalité.**

b. Une audience ouverte

La radio s'adresse à des audiences plus ou moins élargies mais toujours « ouvertes », car anonymes et hétérogènes. Ces récepteurs bénéficient de leur côté d'un accès libre aux messages diffusés, à la différence de la presse écrite qui présuppose un acte d'achat ou une intention de lecture. C'est cette particularité qui est à l'origine d'un précoce et durable débat entre les partisans d'un service public de la radiodiffusion et les tenants d'un statut privé (▸ *supra*, A, c).

c. Une relation fusionnelle

A la différence du journal, la radio prend appui sur un ensemble de *matériaux signifiants* relevant de l'univers sonore. Parmi ceux-ci, figure à une place essentielle le *système oral*, qui constitue un ordre de réalisation du linguistique très différent du *système graphique*. Il introduit entre les sujets communicants mis en rapport par le dispositif radiophonique **un autre type de relation, beaucoup plus fusionnelle**. Igor Fonagy (*La Vive-Voix. Essai de psycho-phonétique*, Paris, Payot, coll. « Langages et sociétés », 1983) a fait remarquer ainsi l'importance du *mimétisme* dans l'interprétation des messages vocaux : « En interprétant les sons produits en fonction de leur production, on croit percevoir directement, revivre pour ainsi dire, l'effort articulatoire de la personne qui parle. »

d. Un travail interprétatif

Mettant en jeu, par l'intermédiaire de la voix, les « corps signifiants » des partenaires de communication, **la radio mobilise donc fortement l'*ordre indiciel* (▶ chapitre 8, B, b)**. La relation de « contact » qui en résulte prend cependant à la radio une forme particulière pour le récepteur, privé de la vision directe du locuteur, à la différence de ce qui se produit pour la télévision. Le média réclame donc de lui un **travail interprétatif**, particulièrement actif pour les voix de certains intervenants, « désincarnés » par leur faible notoriété. Diverses variables *paralinguistiques* (timbre, intensité, intonation, accent), constitutives de « grains de voix » spécifiques (Roland Barthes), l'engagent dans la construction d'images corporelles… qui sont le plus souvent très éloignées de la physionomie réelle des individus s'exprimant.

e. Des bruits et des sons

Axée sur l'*oralité*, la communication radiophonique mobilise d'autres ressources signifiantes :
– **les bruits et les sons**, naturels ou artificiels, dont les valeurs plus ou moins *conventionnelles* permettent de recontextualiser les voix ;
– **la musique**, qui constitue la matière d'œuvre essentielle de certains programmes, mais dont la symbolique peut également être mise à profit dans quelques genres minorés aujourd'hui (les *dramatiques* radiophoniques).

f. Des espaces phoniques

Parfois conditionnées (réverbérations, échos), les différentes *sources sonores* peuvent être localisées (droite-gauche) et échelonnées dans la « troisième dimension » à travers un travail de *mise en ondes*. Elles sont à l'origine de la construction d'*espaces phoniques*, qui donnent corps à des spectacles sonores, d'ordre « factuel » (les reportages, les débats) ou « fictionnel » (les feuilletons), auxquels l'auditeur peut d'autant mieux s'intégrer qu'il doit mobiliser son imagination.

C. SUIVRE L'ÉVÉNEMENT

a. Un continuum

L'énonciation radiophonique se caractérise par sa continuité temporelle. Elle se déploie encore davantage que la télévision comme un *flux* ininterrompu, qui se structure en genres et en contenus **en fonction de la temporalité supposée** (journalière, hebdomadaire) de ses audiences. C'est le rôle de la *programmation* de procéder à ces agencements afin de provoquer des rencontres entre des émissions et des auditeurs. Les programmes qui en résultent varient fortement bien sûr en fonction des types de stations. Il est fort rare cependant qu'ils ne comportent pas, même sous la forme la plus réduite, des émissions d'information.

b. Immédiateté et continuité

Très tôt dans son histoire, la radio a su faire en effet de **la continuité et de l'immédiateté** de sa diffusion deux principes d'action qui lui ont permis d'affirmer son rôle dans le système informatif en se démarquant de la presse écrite. L'information intervient en effet à des intervalles réguliers, à travers des bulletins diffusés chaque heure. Mais lorsque survient un événement d'importance, elle prime sur les autres programmes en interrompant ceux-ci. « Suivre l'événement » apparaît donc comme une des vocations essentielles de la radio, qui est confirmée aujourd'hui par le développement de certains formats proposant une information *en continu*.

c. Le radio-reportage

Le radio-reportage a joué, dès les années 1930, un rôle déterminant pour la promotion de ce type d'information. D'abord réalisé en direct, ce genre hérité de la presse écrite trouve un aliment essentiel dans des événements sportifs (cyclisme, football) à fort potentiel dramaturgique. L'apparition puis la sophistication de techniques d'enregistrement permettent de dégager progressivement des règles proprement radiophoniques de **« reconstruction » des faits événementiels** car, comme le fait remarquer Cécile Méadel (« De l'épreuve et de la relation », *Politix*, n° 19, 1992), « la vérité toute brute est inaudible ». Seul le *mixage* de sons divers (la voix du reporter, les différents *fonds sonores*, la musique) permet de « faire d'un continuum indifférencié une succession de séquences ordonnées et actualisables par des destinataires ».

d. Un repli sur le studio

Cette forme sophistiquée de radio-reportage est aujourd'hui marginale. Encore présente dans quelques magazines, elle est supplantée dans cette fonction de représentation, instantanée ou différée, des événements par les reportages télévisuels. La radio d'information a donc trouvé une deuxième vocation en se repliant sur l'espace du studio, devenu le cadre d'événements (de plus en plus fréquents) « provoqués » par le média lui-même. Aux conférences et autres formes *monolocutives* des premiers temps ont succédé aujourd'hui différentes formes *interlocutives* comme les débats, interviews et entretiens. Mettant en présence différents acteurs sociaux (artistes, responsables politiques ou économiques...), ils sont placés sous la responsabilité de professionnels de la parole radiophonique qui ont abandonné une posture de *speakers* pour s'instaurer en *animateurs*.
Il s'agit là d'une mutation essentielle. Le *speaker* n'était en effet qu'un pur lecteur de textes ; le *présentateur-animateur* s'adresse à « d'autres personnes, à l'oreille des auditeurs, le studio devient un lieu de vie où il se passe des choses entre des gens » (Maurice Mouillaud, « Espace et temps radiophonique », *Aspects du discours radiophonique*, Didier Érudition, 1984).

e. Une relation triangulaire

Doté de notoriété, l'animateur renforce ses liens avec un public de plus en plus sollicité, grâce à la mise en œuvre de procédures *interactives* (courrier, téléphone). Mais son pouvoir de captation réside plus fondamentalement dans la mobilisation de formes *d'interaction communicative* spécifiques (personnalisation des appels afin de provoquer des identifications, oscillation entre l'*adresse* directe et indirecte). **Une *relation triangulaire*** peut ainsi s'organiser, permettant à l'animateur d'établir une

communication interpersonnelle avec un individu singulier, tout en s'adressant à travers lui à la communauté des auditeurs. Comme le font remarquer Antoine Hennion et Cécile Méadel (*La Rhétorique de la radio ou comment garder l'auditeur à l'écoute*, *Vibrations*, 1986), cette situation est « confortable pour l'auditeur, parce [qu'elle] le laisse un peu dans l'ombre en déplaçant sur la scène les protagonistes du dialogue radio-auditeur ». Elle est caractéristique du média radiophonique, qui construit donc en permanence son auditeur **comme un possible et authentique *interlocuteur*, tout en lui ménageant la possibilité de se replier dans un statut de *témoin*, spectateur d'une scène dont il reste sur les marges.**

D. DE NOUVELLES FONCTIONS

a. Des confessions publiques

Cette configuration relationnelle est à la base de multiples programmes intégrant la parole des auditeurs grâce à des *dispositifs communicationnels* plus ou moins complexes. Jouant parfois sur la métaphore de l'*agora* ou du *forum*, ils donnent lieu à différents débats publics sur des thèmes politiques et sociaux dans lesquels les auditeurs interviennent comme des citoyens ou des usagers. Ce type d'émissions est également présent à la télévision (▶ **chapitre 12, C**). La radio a par ailleurs favorisé, ces vingt dernières années, diverses émissions « de conseil » s'adressant à différents publics. Définis et interpellés là comme des *personnes* à part entière, les auditeurs peuvent s'y livrer à des *confessions publiques* portant sur les aspects les plus privés de leur vie. Favorisées par l'anonymat, ces déclarations permettent la constitution de « communautés d'auditeurs », entre lesquels s'effectuent des partages d'expériences sur des situations douloureusement vécues par les individus.

b. De la communication au monologue

Le non-anonymat de certains appels dans ces émissions laisse pourtant transparaître une autre aspiration : celui d'un « droit à l'expression » individuelle. Repérable dans d'autres phénomènes communicationnels comme l'éclosion des radios libres et le développement de la *citizen band* (CB) au début des années 1980, (ou encore très récemment certaines formes de communication par Internet), cette revendication traduit le mouvement plus général d'*individualisme* qui caractérise nos sociétés contemporaines. Souvent sans véritable contenu ni structuration, ces messages ne suscitent pas, mais ne présupposent pas non plus, une véritable écoute dans la mesure où ils se justifient avant tout par un souci de reconnaissance de soi. Ils nous placent aux limites de la notion de communication médiatique, « le droit à l'expression étant parfaitement compatible, comme le remarque Dominique Wolton, avec les monologues » (*Penser la communication*, Paris, Flammarion, 1997).

c. Un média résistant

Reconfigurée aujourd'hui autour de ces nouvelles fonctions sociales, la radio apparaît ainsi comme une forme de communication très plastique, disponible pour de nouveaux usages, toujours plus spécialisés. En témoignent par exemple des innovations comme celles d'Autoroute FM, qui propose un service très spécialisé de radioguidage à un public très circonscrit, les conducteurs empruntant les autoroutes. L'apparition de nouvelles technologies (numérisation du son, essor de réseaux) permet aussi d'envisager le développement de véritables « radios à péage » (sous la forme de télédiscothèques à domicile), même si aujourd'hui les limites des ressources publicitaires hypothèquent leur croissance.

Condamnée par certains lors de l'apparition de la télévision, la radio témoigne ainsi d'une grande capacité de résistance, expliquant qu'elle demeure le média le plus pratiqué dans le monde (un milliard de récepteurs) et le plus présent dans les foyers (98 % en sont équipés en France et aux États-Unis).

CONSEILS DE LECTURE

CHARAUDEAU P. (sous la dir. de), *Aspects du discours radiophonique*, Paris, Didier-Érudition, coll. « Langages, discours et société », 1984.

FLICHY F., *Une histoire de la communication moderne. Espace public et vie privée*, Paris, La Découverte, coll. « Histoire des sciences », 1991.

MÉADEL C., *Histoire de la radio des années trente. Du sans-filiste à l'auditeur*, Paris, Anthropos, 1994.

« La radio », *Réseaux*, Paris, CNET, n° 52, 1992.

Médias pouvoirs n° 24, 1991.

11 LA TÉLÉVISION : UN CONTACT PERMANENT

Inventée entre les deux guerres mondiales, la télévision ne s'est développée comme média public qu'à la fin des années 1940, aux États-Unis puis en Europe. Enfant de la radio et du cinéma, ce support a progressivement cultivé un langage audiovisuel original qui lui permet d'occuper une position hégémonique dans le système médiatique.

A. ÉTAPES HISTORIQUES

a. La vue et l'ouïe

Lorsqu'elle fait son apparition au début des années 1930, la télévision suscite d'emblée l'émerveillement des premiers observateurs, fascinés par la nouvelle forme de « téléprésence » que permet ce média inédit. Elle est perçue par les rares analystes qui lui prêtent intérêt comme un remarquable « moyen documentaire » (Rudolf Arnheim) augmentant « de façon considérable le pouvoir d'information que pouvait [nous] donner la radio en ajoutant la vue à l'ouïe » (*Prospectives pour la télévision*, *Intercine*, 1936). Soutenue par les pouvoirs étatiques, qui pressentent pour certains la portée « propagandiste » de ce nouveau moyen de télédiffusion (Goebbels dans l'Allemagne nazie notamment), elle est dans un premier temps uniquement utilisée, du fait de contraintes techniques, pour la retransmission simultanée de spectacles préexistants (artistiques, officiels ou sportifs comme les jeux Olympiques de Berlin en 1936).

b. Des exploits techniques

La communication télévisuelle se caractérise jusqu'à la fin des années 1950 par un statut « expérimental ». Marquée, notamment en France, par une « mystique du direct » (Jérôme Bourdon), elle s'adresse à de rares spectateurs permanents (260 508 récepteurs en France en 1955), encore fascinés par les « exploits techniques » que constituent à cette époque les retransmissions. Mais elle peut recueillir parfois des audiences plus larges à travers des formes de réception collective (salles de café, télé-clubs en milieu rural). Certaines retransmissions à statut « cérémoniel », tel le couronnement de la reine d'Angleterre en 1953, peuvent même rassembler un plus large public, réuni devant les vitrines de magasins d'électronique.

c. Public-privé

La télévision adopte, plus précocement aux États-Unis qu'en Europe, un visage davantage contemporain. Elle est placée dès l'origine dans ce pays sous le régime du droit privé et de la concurrence commerciale. Structurée sous la forme de réseaux (*networks*) regroupant des stations locales, elle connaît, dès les années 1940, un développement rapide (1,5 million de récepteurs en 1952) en offrant une programmation de spectacles à dominante distractive (notamment des films sous forme de séries), préfinancés par des ressources publicitaires.

Il n'en est pas de même en Europe et particulièrement en France où la télévision, centralisée, est régie, dans la continuité de la radio, par **le principe du monopole public.** Ces fondements juridiques expliquent le contrôle politique qui s'est exercé longtemps sur l'information télévisée. Mais ils permettent aussi de comprendre le projet de **démocratisation culturelle** qui anime la télévision française dans les premières décennies. Celui-ci se traduit par des formes de programmation plus exigeantes culturellement : adaptations sous la forme de « dramatiques » d'œuvres classiques, de documentaires, voire d'émissions à visée éducative.

d. Paléo-/néo-télévision

La télévision française (et plus largement européenne) revêt progressivement à partir du milieu des années 1970 des traits qui la rapprochent des télévisions commerciales nord-américaines : ouverture au secteur privé, augmentation du financement publicitaire, multiplication des chaînes.

Ces changements institutionnels s'accompagnent d'une transformation des formes de communication, que certains chercheurs (Francesco Casetti et Roger Odin, « Télévisions mutations ») ont analysé **comme le passage d'une « paléo- » à une « néo-télévision ».**

- **La paléo-télévision.** Cette première ère se caractérise par un parti pris pédagogique, incarné par des médiateurs qui entretiennent avec les téléspectateurs une relation *asymétrique* et hiérarchisée. Elle se traduit par une programmation discontinue, organisée autour d'émissions dotées d'une grande longévité (*Les Dossiers de l'écran*, 1964-1991), qui revêtent une fonction « rituelle » pour les téléspectateurs.
- **La néo-télévision.** La nouvelle ère se distingue par une tension accrue sur le destinataire, sans cesse sollicité par des animateurs. Campés dans des décors souvent construits à l'image des inté-

rieurs des téléspectateurs, ces médiateurs au ton familier sollicitent en permanence les téléspectateurs sur le mode de la connivence, dans des émissions composites (mêlant indistinctement information et distraction) et articulées les unes avec les autres.

B. UNE RELATION DE TYPE INTERSUBJECTIF

a. Une réciprocité imaginaire

Éclairante pour comprendre l'évolution de la communication télévisuelle, cette distinction doit être nuancée. Souvent encensée, la volonté pédagogique qui animait le média, en France notamment, s'est toujours accompagnée d'un parti pris distractif qui a beaucoup contribué à sa popularisation dans les années 1960.

Cette distinction ne doit pas d'autre part masquer le fait que l'interpellation du téléspectateur est observable très tôt dans l'histoire de la télévision. Elle est assurée par des types de **médiateurs**, aujourd'hui disparus, comme les speakerines. Interpellant le téléspectateur par un regard *adressé* à la caméra, ceux-ci sont les supports d'une nouvelle forme de communication médiatique, troublante selon l'analyse (1954) du critique André Bazin, car faite d'« intimité » et de « réciprocité imaginaire ».

b. Deux propriétés

Assimilée parfois au cinéma, la télévision se démarque donc de celui-ci en inaugurant une autre forme de *relation communicative*. Celle-ci se fonde sur deux propriétés :

- **une propriété technique :** la télédiffusion directe d'images et de sons qui condense en une même opération le tournage, le montage et la diffusion, distincts et successifs au cinéma. **Cette propriété de la télévision revêt une importance considérable car elle met, comme la radio, le destinataire dans une relation de « cotemporalité » avec l'événement concerné.** Elle est au fondement du pouvoir de la télévision car elle contribue à susciter chez le spectateur un sentiment de « coprésence » (voire de « coparticipation ») avec l'événement en train de se dérouler;
- **une propriété énonciative :** le regard *adressé* à la caméra. A l'exception de certains genres (la comédie musicale), celui-ci est prohibé (ou exceptionnel) dans le cinéma narratif classique car il introduit une rupture de l'« illusion diégétique » (l'impression d'être en présence d'un univers cohérent et autonome). Ce

regard « les yeux dans les yeux » est à l'inverse favorisé à la télévision, où il est le monopole de l'ensemble des médiateurs professionnels (journalistes, animateurs) et de certains acteurs publics (ainsi les hommes politiques) lorsqu'ils sont légitimés à s'adresser directement à l'opinion publique. Mettant en place une relation de type *allocutif* avec le destinataire (▶ **chapitre 9, A, a**), il constitue le support essentiel de la « mise en contact » avec le téléspectateur.

c. Personnalisation et « vedettarisation »

La communication télévisuelle, qui participe comme le cinéma de l'*ordre iconique*, mobilise donc essentiellement, et plus encore que la radio, l'*ordre indiciel* (▶ **chapitre 8, B, b**). Intégrant son spectateur par le moyen des regards dans un « espace ombilical » (Eliseo Veron), **elle met en place avec lui une relation de type intersubjectif**, dans laquelle le corps joue un rôle essentiel. Cette caractéristique est à l'origine du phénomène de « personnalisation » de l'information, beaucoup moins prononcé dans la presse écrite. Très présent en France notamment (à la différence par exemple de l'Allemagne), il a pour effet la « vedettarisation » des journalistes les plus exposés à l'écran, et plus généralement de certains acteurs publics sollicités pour leur conformité aux critères télégéniques.

d. Une impression de coprésence

Créatrice d'une impression de « coprésence », la communication télévisuelle semble donc mettre le téléspectateur **en relation (im)médiate avec le monde, construit comme directement accessible**. « L'illusion de transparence » qu'elle provoque est particulièrement prégnante dans l'information en direct. On peut s'en rendre compte dans le cas d'« événements rapportés », telle, en 1992, la séquestration d'enfants à Neuilly-sur-Seine, suivie quasiment *en continu* par les radios et la télévision. Mais aussi lorsqu'il s'agit d'« événements provoqués » par l'instance de production médiatique : ainsi les débats en studio à l'occasion de grandes échéances électorales ou dans des émissions à programmation régulière.

e. Une reconstruction du réel

Face à une image ressentie comme « une fenêtre sur le monde », le téléspectateur est porté à oublier dans ces deux types de circonstances qu'une image enregistrée n'est pas, contrairement à une idée courante, plus objective que ne l'est un texte.

Toute séquence d'images de télévision (en direct ou en différé) repose en effet sur deux opérations.

- **Le cadrage.** Découpant une portion d'espace, tout cadrage impose des choix. Il focalise l'attention du spectateur sur une scène au détriment d'une autre. Il lui présente celle-ci suivant des paramètres de distance plus ou moins importante et d'angles de prises de vues (plongée, contre-plongée...) qui instituent des « points de vue » qui ne sont jamais neutres ;
- **Le montage.** Il s'effectue simultanément au filmage dans le direct, et dans un second temps pour les émissions préenregistrées. En articulant les différents plans, cette opération établit entre ces unités des *relations sémantiques.* Celles-ci peuvent être de simple *succession* mais aussi de *causalité*, ce qui n'est pas indifférent pour l'interprétation qui sera faite de la scène enregistrée (▶ **chapitre 12, C, c**).

Exemple : dans un débat, le sourire d'un participant qui succède à une déclaration d'un autre personnage pourra être interprété comme désapprobateur, même s'il a une tout autre motivation. Accompagnée parfois par une voix de commentaire, assurant des fonctions d'*ancrage* ou de *relais*, **l'image de télévision ne doit donc pas être considérée comme un lieu de simple « présentation » du réel. Elle est un lieu de « reconstruction » de celui-ci**, imposant des significations en dépit de son apparente « objectivité ».

C. UN FLUX ORGANISÉ

La force d'évidence de l'information télévisée et, plus largement, le pouvoir de captation du discours télévisuel s'expliquent par ailleurs par l'organisation temporelle de la communication télévisuelle, qui s'exerce sous la forme d'un défilement continu.

a. Une logique de flux

Ce mode d'organisation relève d'une logique de « flux » qui contraste avec celle présidant à la presse écrite. Cette dernière prend appui sur un support éphémère par sa valeur informative mais (relativement) durable du fait de sa matérialité. Il en va différemment pour la télévision (et la radio). Évanescente et immatérielle, cette forme de communication médiatique repose sur **un « continuum » de messages** qui « se chassent les uns les autres ».

b. Une absence de traces

Cette caractéristique n'est pas sans effets sur la réception des messages, informatifs notamment. Ceux-ci ne laissent pas de « traces » observables, à la différence du support écrit, qui permet, par sa stabilité, des lectures « récursives » (▶ **chapitre 10**). Cette fluidité de la communication télévisuelle s'est accentuée depuis le début des années 1990 sous la forme d'une accélération généralisée du rythme des images. Elle a réactivé, en s'articulant avec la question de la « dictature du temps réel » (▶ **chapitre 13**), les interrogations déjà anciennes sur le « pouvoir hypnotique » de la télévision.

c. Un « macrodiscours »

- Ce pouvoir doit être relativisé. Ces analyses alarmistes ne prennent pas en compte la diversité des conditions de réception de ce média. Mais elles obligent à être attentif à une autre caractéristique de la communication télévisuelle. Les « politiques éditoriales » des chaînes ne procèdent pas à des juxtapositions aléatoires de programmes autonomisés. Les programmations en résultant constituent au contraire des ensembles cohérents et unifiants d'énoncés. Sous-tendus par des règles communes d'engendrement, les programmes d'une même chaîne entretiennent par leur tonalité, leur mise en forme et leur « habillage visuel » (logos...) des *liens sémantiques* étroits, qui sont encore renforcés par des images « interstitielles » (génériques, bandes-annonces) assurant des *liens syntaxiques*.
- Veillant à éviter toute discordance (un opéra sur TF1, un jeu commercial sur Arte), les programmateurs qui ont la responsabilité de ces agencements sont donc à l'origine de la mise en place d'un « macrodiscours » qui constitue pour une chaîne une marque déterminante de reconnaissance et de « fidélisation ». En tant que lieu d'émission de « valeurs identitaires » (la culture rock pour MTV, le « bon sens populaire » pour TF1), **c'est lui, en effet, qui provoque pour une bonne part l'attachement, voire la captation, que peut exercer telle ou telle chaîne sur tel ou tel individu.**

D. LES INCERTITUDES DU ZAPPING

Fragilisée par l'accroissement de l'offre télévisuelle, la relation avec le téléspectateur a connu cependant au début des années 1980 **une nouvelle déstabilisation** avec l'apparition de la télécommande : celle-ci est à l'origine d'une nouvelle pratique de consommation télévisuelle, le « zapping ».

a. Un jeu de « déconstruction-reconstruction »

Le *zapping* a ainsi fait l'objet de diverses études. Pour certains chercheurs, comme Jean-Louis Chabrol et Pascal Perin (« Le zapping », *Réseaux*, Paris, CNET, 1991), cette pratique permet le développement d'« un jeu [subtil] de déconstruction-reconstruction » du discours télévisuel qui est le signe d'« une évolution de fond des modes de relation du public à ce média : instabilité de l'écoute et autonomie grandissante du téléspectateur vis-à-vis de la programmation ».

b. Une professionnalisation du public ?

D'autres chercheurs en viennent ainsi à saluer la naissance d'un « nouveau téléspectateur » en mettant l'accent sur « **la professionnalisation du public** » (Gisèle Bertrand, Chantal de Gournay et Pierre-Alain Mercier, « Fragments d'un récit cathodique », 1988). Cette perception est contestée par d'autres analystes, qui considèrent que la participation du téléspectateur à la communication télévisuelle grâce au *zapping* ne saurait être qu'un leurre car ce téléspectateur est tout simplement invité à « collaborer activement à ce qui n'est qu'une fragmentation encore plus intense de sa consommation télévisuelle » (Jesus Gonzalez Requena, *El discurso televisivo*, Madrid, Catedra, 1992).

CONSEILS DE LECTURE

ESQUENAZI J.-P., *Le Pouvoir d'un média : TF 1 et son discours*, Paris, L'Harmattan, coll. « Champs visuels », 1996.

JOST F. et LEBLANC G., *La Télévision française au jour le jour*, Paris, INA-Anthropos, 1994.

LOCHARD G. et BOYER H., *Notre écran quotidien. Une radiographie du télévisuel*, Paris, Dunod, coll. « Société », 1995.

VIALLON P., *L'Analyse du discours de la télévision*, Paris, PUF, coll. « Que sais-je ? », 1996.

« Télévision mutations », *Communications*, Paris, Éd. du Seuil, n° 51, 1990.

LA TÉLÉVISION : DES DISPOSITIFS SOPHISTIQUÉS

En dépit d'une évolution des politiques de programmation, l'information conserve à la télévision une importance non négligeable. A la différence du discours informatif de la presse écrite, qui se fonde sur un seul rythme (quotidien, hebdomadaire, en fonction de la périodicité de la publication), celui-ci relève à la télévision **de plusieurs temporalités en répondant à plusieurs fonctions.**

A. LE JT : UNE FONCTION RITUELLE

En prise sur l'actualité la plus immédiate, le journal télévisé se propose de répondre à une visée d'information immédiate. Pilier du discours informatif télévisuel, il continue à exercer, malgré quelques signes de désaffection, **une fonction *rituelle*** dans le rythme de vie quotidien des spectateurs. Son rôle commercial reste de ce fait décisif dans l'économie des chaînes. Situé à un « carrefour de programmation » entre le *second time* et le *prime time*, il dégage grâce aux longues plages publicitaires qui l'encadrent d'importantes ressources publicitaires (▸ **chapitre 7**).

a. Le studio comme « tête de réseau »

La prégnance de ce genre télévisuel presque aussi ancien que le média s'explique par la sophistication de son dispositif, qui lui donne une grande « force de persuasion ».
Le studio joue dans ce dispositif un rôle structurant. Exhibant souvent ses équipements technologiques (écrans, caméras), il assure une fonction de « tête de réseau », gestionnaire d'un ensemble diversifié d'images émanant pour l'essentiel de son extérieur, le « terrain ». Décoré en conformité avec le style visuel de la chaîne, il est d'autre part scénographié pour accueillir différents types de locuteurs : journalistes spécialisés ou personnages publics, héros d'événements « provoqués » par le média lui-même.

b. Le présentateur : un support d'identification

Le studio est placé sous le contrôle du présentateur, qui noue avec le spectateur une relation ambivalente. Comme l'a mis en évidence Eliseo Veron (« Il est là, il me voit, il me parle », *Communications*, Paris, Éd. du Seuil, n° 38, 1983), le présentateur n'entretient pas avec celui-ci un rapport *asymétrique*. Établissant

un « contact » avec lui par le biais du regard adressé (▶ **chapitre 11, B, a**), il se comporte comme son représentant. Support d'identification pour le récepteur, il peut se présenter comme un demandeur d'un savoir, aussitôt satisfait :
– **par des paroles** des journalistes spécialisés, présents dans le studio et qui viennent, sous la forme de commentaires, de chroniques, voire d'éditoriaux, éclairer les situations par leurs savoirs experts ;
– **par des images préenregistrées** qui se présentent sous diverses formes et à sa demande, « magiquement », et s'affichent sur l'écran ;
– **par des mises en connexion directe avec le terrain**, grâce à des duplex, et même des multiplex.

c. Une mise en scène des interrogations et des émotions

La crédibilité de ce personnage-pilier de l'information télévisée ne repose donc pas essentiellement sur un surcroît de savoir par rapport au destinataire, assumé et mis en avant. Elle provient aussi largement d'une capacité à **mettre en scène les interrogations et les émotions du téléspectateur**.
Cela est sensible si on se livre à une analyse :
– **du mode d'énonciation** de la parole du présentateur, qui laisse souvent place à des formes *allocutives* (« Vous »), voire *élocutives* (« Je ») ;
– **de son registre de langue**, rarement spécialisé et proche d'un « français standard » pour ne pas diviser son public ;
– **de sa voix et de ses mimiques**, qui laissent transparaître ses réactions (compassion, soulagement) à l'actualité événementielle.

d. Les voix du terrain

Cette parole informative ne tire cependant sa pleine efficacité que parce qu'elle entretient un lien permanent avec le terrain. Gage d'authenticité, celui-ci fait irruption dans le studio à travers divers types d'énoncés audiovisuels correspondant à autant de positions énonciatives.
● **Des séquences d'images.** Commentées en voix *over* par le présentateur ou par un énonciateur invisible, elles sont issues généralement d'échanges institués avec d'autres chaînes étrangères. Ces séquences sont le plus souvent d'une grande **pauvreté « référentielle »** : images convenues de ballets de voitures lors de grandes réunions diplomatiques, poignées de main, etc. Parfois

décalées avec le thème annoncé, elles ne conservent une certaine efficacité communicative que par les vertus d'un montage « hyperfragmenté », producteur d'effets « d'éblouissement » sur le récepteur, et de la voix en surplomb du commentateur, qui vient « ancrer » le sens de l'image (▶ **chapitre 9, B, a**).

• **Des « correspondances ».** Émises par des *envoyés spéciaux* dépêchés sur les lieux événementiels, elles sont le plus souvent réalisées en direct (malgré de fréquentes difficultés de transmission) pour satisfaire l'objectif d'immédiate actualité qui anime le journal télévisé. Fréquemment illustrées par des images préenregistrées, elles s'organisent autour de plans rituels du journaliste campé dans un décor conventionnel (la place Rouge à Moscou, le Congrès à Washington). Cette marque distinctive de la *correspondance* ne répond pas à de simples contraintes techniques. Elle participe des *stratégies d'authentification* du discours informatif (▶ **chapitre 6**), contrebalançant l'artificialité qui s'attache à toute parole émise en studio.

• **Des reportages préenregistrés.** Émis également « à la source de l'événement », ils sont d'une extrême brièveté aujourd'hui (une durée moyenne d'une minute et demie), sous l'emprise des normes professionnelles contemporaines. Visant à restituer les faits, ils donnent à entendre le plus souvent des voix de « témoins » qui, généralement prévisibles, valent essentiellement par leur poids de « vécu ». Centrés parfois sur certains de ces personnages instaurés en supports d'un récit, ces genres informatifs en restent cependant à des formes élémentaires de narrativité. Celle-ci peut en revanche pleinement se déployer dans de grands reportages (▶ ***infra*, B**).

• **Des séquences en direct.** Elles reposent, à de rares exceptions près, sur une grande économie de moyens rhétoriques (cadrages frontaux, plans fixes). En dépit d'un contenu souvent pauvre, elles bénéficient d'une priorité, la télévision affichant en ces circonstances sa « supériorité » par rapport aux autres médias en opérant une connexion directe avec l'événement.

e. De nécessaires rééquilibrages

• Comme les autres médias, **la télévision fait donc appel dans le cadre de l'information à une diversité de voix**, qui se croisent et s'épaulent mutuellement pour asseoir sa crédibilité. Ces paroles ne sont pas toujours à l'unisson, notamment dans les situations de crise ou de guerre. En effet, les voix issues du « terrain » témoignent parfois d'une certaine émotion, explicable par le manque de distance temporelle et spatiale avec l'événement, voire par une implication forcée dans des situations dramatiques (le siège de Sarajevo par exemple : dans la dernière période, certains correspondants étaient également prisonniers).

- Marquées par la proximité, ces interventions donnent lieu ponctuellement à **des commentaires dérogeant à l'idéal d'objectivité journalistique**. Mais elles sont dans ces cas souvent rééquilibrées par le discours des présentateurs et des journalistes chargés des analyses et des commentaires, qui expriment alors une certaine distance à l'égard de leurs propres collègues (« d'après notre envoyé spécial »). Ce « **dispositif polyphonique** » est très efficace car il permet de cumuler les avantages respectifs de l'« émotionnalité » et de la crédibilité. Il met en évidence **le partage stratégique de rôles qui s'opère, à la télévision comme dans les autres médias, entre les différentes fonctions journalistiques.**

B. DE GRANDS REPORTAGES

Au centre de l'information télévisée, le JT s'articule avec d'autres genres affichant une intention « explicative ». C'est le cas en premier lieu des magazines de « grand reportage », le plus souvent placés sous la responsabilité des rédactions des chaînes.

a. Une thématisation de l'actualité

Axé sur une temporalité « décalée », ce genre informatif met en évidence une autre dimension du discours informatif. Celui-ci ne se veut plus en prise sur des faits immédiats. Il se construit sur une sélection de phénomènes parfois éloignés dans le temps et l'espace mais retenus comme symptomatiques d'une même réalité. Leur mise en relation donne lieu à la définition de « thèmes », remis régulièrement à l'ordre du jour par l'agenda médiatique et soumis à des analyses visant à révéler les causes profondes des phénomènes observés.

Cette « thématisation » du discours informatif – parfois elle se traduit aussi dans les journaux télévisés par la présentation de « dossiers » – mérite attention. Elle peut encourager la réflexion chez le téléspectateur, dégagé comme le journaliste de la « servitude de l'événement ». Mais, comme l'observe Francis James, « la thématisation ne découpe pas simplement en grandes unités l'actualité, [...] elle la fait » (« Le problème de l'évolution du statut de l'image dans l'information télévisée », *Histoire et médias*, Albin Michel, 1991). Ainsi il en va aujourd'hui en France de la « banlieue ». Elle est peu présente dans l'imaginaire et le débat social français jusqu'en 1982. Mais elle a été érigée depuis cette époque en une thématique unifiante, à partir du regroupement de faits hétérogènes (l'immigration, la jeunesse, certains phénomènes de violence, le chômage) qui ne se limitent en rien à ce territoire. Elle est donc perçue actuellement dans le contexte français comme un phénomène « en soi », naturel et incontestable, alors que cette thématique résulte essentiellement d'une **construction médiatique**.

b. Des formes de scénarisation

L'observation des grands reportages révèle aussi une autre évolution qui questionne le projet « explicatif » à l'origine du processus de thématisation. Plus encore que les reportages présentés dans les journaux télévisés, ces énoncés informatifs donnent lieu en effet à diverses formes de ***scénarisation***. Répondant à un souci d'efficacité dramatique, celle-ci est aujourd'hui sous-jacente à tous les récits « factuels » contemporains.

Deux variantes peuvent en être observées, selon Gérard Leblanc (*Scénarios du réel*, Paris, L'Harmattan, coll. « Champs visuels », 1997), dans les reportages de magazines :

– **les « scénarios du passé »**, mis en œuvre lorsque l'événement n'a pu être enregistré. Ils nécessitent le recours à des images de substitution, qui n'entretiennent qu'un rapport indirect avec la scène évoquée. En dépit de leur pauvreté référentielle, celles-ci prennent cependant sens sous les effets d'un commentaire de liaison qui les organise, conformément à un **schéma narratif archétypique**, parfaitement intégré par le téléspectateur ;

– **les « scénarios rétrospectifs reconstitués » :** résultant d'une même situation, ils se traduisent par une reconstitution du fait événementiel, rejoué en pleine conscience et sous la direction du journaliste par les acteurs de l'événement.

c. Des actes de « feintise »

• Totalement banalisée, cette deuxième forme de scénarisation ne constitue pas, comme c'est le cas pour certaines tentatives de mystification (de faux directs, une simulation d'interview non réalisée), des formes de « tromperie ». Parfois désignée par des mentions écrites se surimposant aux images (reconstitution, « *dramatization* » aux États-Unis), elle présuppose, comme toutes les scènes jouées par les personnages-héros de reportages (scènes de travail, etc.), une conscience du simulacre chez le destinataire. Elle relève en ce sens de ces actes de « feintise » analysés par François Jost (« Le feint du monde », *Réseaux*, Paris, CNET, n° 72-73, 1995).

• Quand on observe cette forme d'organisation du discours informatif, l'attention est cependant attirée par la grande proximité entre les récits « factuels » et les récits fictionnels. Obéissant aux mêmes règles de construction narrative, ceux-ci cherchent à combler chez le spectateur les mêmes attentes et à provoquer les mêmes émotions. Ce rapprochement est accentué par un mouvement symétrique d'« authentification » des fictions (les « factions »), qui puisent de plus en plus leur inspiration dans des faits s'étant réellement déroulés. Il permet de comprendre le développement au début des années 1990 de genres comme les *reality-shows*, dont tout le principe consiste à développer un jeu ambigu **aux frontières du fictionnel et du « factuel »**.

C. DES ÉMISSIONS DE PAROLES

Les émissions de débats, qui se sont développées depuis le milieu des années 1970, se proposent également d'assurer une fonction explicative. Mais sur un tout autre mode.

a. Produire une vérité

Le gain de connaissance qui est recherché s'appuie en effet sur une mise en présence de paroles qui doivent idéalement produire une « vérité », résultant de cette confrontation. La télévision tente donc à travers ce genre de donner corps à une forme d'échange verbal qui est celle du *dialogue* et non de la simple *conversation*. Différence que Francis Jacques met en évidence en soulignant que : « Dans le dialogue, l'interaction verbale n'est pas seulement fortement communicative, elle est aussi finalisée. Une même orientation argumentative s'impose à tous ses constituants. Les partenaires d'un dialogue affirment des thèses qu'ils mettent en commun. Ceux d'une conversation évoquent des thèmes » (Francis Jacques, « Trois stratégies interactionnelles : conversation, négociation, dialogue », *Échanges sur la conversation*, Éd. du CNRS, 1988).

b. Provoquer la parole

Le média assure donc là, en donnant à voir et à entendre des débats, une autre fonction que celle de « rapporteur » (le JT

essentiellement) et d'analyste (les grands reportages notamment) des faits. Il agit en tant que « provocateur » de paroles :
– **d'acteurs de la vie publique** (leaders politiques, syndicalistes...), ce qui lui permet de se présenter aujourd'hui comme un lieu déterminant d'organisation de l'espace public contemporain (▶ **chapitre 8, A**) ;
– **de représentants anonymes de la vie sociale et civile** plongés dans des situations conflictuelles (les habitants des banlieues par exemple), ce qui permet à ces émissions de se présenter comme un lieu de « retissage du lien social ».

c. Une double mise en scène

Toujours placées sous la menace d'une perte de contrôle de l'échange entre participants, ces émissions de paroles sont structurées par des *dispositifs communicationnels* qui prennent la forme **d'une double mise en scène, sujette à une sorte de *ritualisation*.**

• **Une mise en scène verbale.** Sous la responsabilité de l'animateur, elle a pour but d'organiser l'échange entre les participants dans l'*espace télévisé*. Les *modes de gestion* de la parole auxquels elle donne lieu peuvent prendre des formes très diverses en fonction de plusieurs variables :
– **les *thèmes***, objets de l'échange ;
– **le *contexte situationnel* :** le décor, la scénographie qui détermine des relations de distance entre les participants ;
– **l'*identité* des participants :** le *statut* qui est le leur et le *rôle* qui leur est alloué dans l'émission.

• **Une mise en scène visuelle.** Elle donne lieu à la création d'un *espace télévisuel* (l'espace artificiel perçu par le spectateur sur son écran) à distinguer de l'*espace télévisé.*

Peu prise en compte par les analystes, cette opération est déterminante. Elle définit :
– des ***niveaux de présence*** à l'écran des différents participants, plus ou moins importants en fonction des choix de l'instance de réalisation, qui attribue des *capitaux visuels* très variables selon les participants ;
– des ***modes de présence*** de ces participants. Chaque participant peut être montré à l'écran suivant divers paramètres de cadrage (qui créent des relations de distance avec lui) ;
– des ***points de vue*** différents sur la scène, qui peuvent être « anonymes » ou au contraire « personnalisés » en correspondant à l'axe de vision d'un des personnages.

d. Débats - *talk-shows*

• Longtemps peu représentées à la télévision française, ces émissions de paroles ont connu un important développement depuis une vingtaine d'années. Noël Nel (*A fleurets mouchetés. 25 ans de débats télévisés*, Paris, La Documentation française, coll. « Audiovisuel et communication », 1988) relève quatre grandes périodes :

– l'émergence du genre (1960-1968) ;
– les grandes controverses politiques (1968-1974) ;
– les sujets culturels et de société (1974-1981) ;
– l'épanouissement du spectaculaire (1981-1986).

• Cette dernière tendance a été accentuée avec la prolifération, au tournant des années 1990, de *talk-shows* placés sous la responsabilité d'animateurs qui privilégient souvent la polémique et le conflit pour leur rendement spectaculaire. Régis par un tout autre mode de gestion de la parole, ces « spectacles de paroles » remettent donc en cause par leur fonctionnement cet idéal de **coopération et de coconstruction du sens** (▶ ***supra*, C, a**) qui est le fondement des débats classiques.

CONSEILS DE LECTURE

CHARAUDEAU P. et GHIGLIONE R., *La Parole confisquée : un genre télévisuel, le talk-show*, Paris, Dunod, coll. « Société », 1997.

COULOMB-GULLY M., *Les Informations télévisées*, Paris, PUF, coll. « Que sais-je ? », 1995.

LOCHARD G. (sous la dir. de), *La Parole en spectacle, Dossiers de l'audiovisuel*, Paris, INA-La Documentation française, n° 59, 1995.

MIÈGE B. *et alii*, *Le JT, mise en scène de l'actualité à la télévision française*, Paris, INA-La Documentation française, 1986.

MUNCH B., *Les Constructions référentielles dans les actualités télévisées. Essai de typologie discursive*, Berne, Peter Lang, coll. « Sciences pour la communication », 1992.

UN CHANGEMENT DE TEMPORALITÉ

La communication médiatique connaît depuis le début des années 1980 de considérables transformations. On assiste notamment à une mutation des formes de temporalité qui caractérisent chacun des trois grands supports. Celles-ci sont remises en cause par la télévision, qui, imposant l'information « en temps direct », affirme son hégémonie en obligeant les autres médias à se redéfinir par rapport à elle.

A. UNE DICTATURE DE L'INSTANT

a. Une accélération du temps

Le processus d'accélération du temps social que provoque aujourd'hui la télévision n'est pas un phénomène nouveau. Il intervient dès la seconde moitié du XIXe siècle avec la presse moderne : grâce au développement d'un très dense réseau télégraphique, celle-ci transforme brusquement l'expérience humaine en inscrivant dans un même rythme événementiel des sociétés éloignées dans l'espace. Délivrant en permanence des *nouvelles* du monde entier, le journal opère donc une première forme de « synchronisation du monde ». En faisant entrer les médias dans l'ère de l'instantanéité, la radio amplifie ce mouvement au début du XXe siècle. Mais c'est la télévision qui le parachève en organisant son dispositif d'information autour du direct, qui permet de délivrer celle-ci en « temps réel ».

b. L'accomplissement d'un idéal

Cette forme de médiation a été perçue dans un premier temps comme un progrès décisif. Elle accomplit en effet l'idéal fondateur du journalisme, tendu vers une réduction continue du temps de délivrance de l'information. Banalisé depuis le milieu des années 1980 par la multiplication des satellites et l'allégement des moyens de reportage, le direct permet de réaliser cette aspiration à l'ubiquité qui anime l'information depuis ses origines. Enfin, il explique le développement de nouvelles formes d'information *en continu*, qui sont appelées à se développer avec la multiplication des canaux.

c. Un pouvoir de captation

Le pouvoir de captation que suscite le direct a plusieurs fondements.

- Pour certaines formes de spectacles (sportifs principalement), il repose, bien sûr, sur leur potentiel dramaturgique inhérent à ces spectacles dont l'issue reste inconnue du spectateur. Les suivre en différé et en connaissant le résultat annule, on le sait, tout leur intérêt.
- Pour d'autres spectacles, qui constituent des moments exceptionnels, le plaisir qu'on peut y prendre naît aussi du sentiment de s'intégrer dans une communauté de spectateurs communiant devant un événement consensuel. Il s'agit de ces événements médiatiques tels que les investitures, les couronnements et les funérailles de puissants, ou encore les commémorations de grands moments de notre histoire (le débarquement du 6 juin 1944). Introduisant des ruptures dans le flux télévisuel, ils relèvent des *cérémonies télévisées*.
- Cependant, on peut observer que souvent l'« événement » retransmis ne justifie pas le direct. Témoin ces formes fréquentes de « correspondances » où le journaliste n'intervient que pour confesser son ignorance de la situation évoquée. Mais il en va aussi de ces interminables plans de bâtiments ou d'avions, sièges de séquestration d'otages, qui donnent lieu systématiquement à des « couvertures » intensives de la part des chaînes. La « magie du direct » ne provient pas dans ces circonstances de la « matière événementielle », pauvre, quand elle n'est pas totalement absente. S'appuyant sur la dimension *indicielle* des images de télévision (▶ **chapitres 8 et 11**), cette forme de captation résulte essentiellement d'un « effet de branchement » sur le réel, que la télévision prétend maintenant nous rendre toujours accessible, en tout temps et en tout lieu, en offrant d'incontestables gages de vérité.

B. DES CONSÉQUENCES SUR L'INFORMATION TÉLÉVISÉE

Rare il y a peu, ce type de dispositif permettrait donc aujourd'hui, à entendre les professionnels de télévision, de « suivre l'histoire en direct ». Et il est vrai que des événements historiques comme la chute du mur de Berlin, observée pendant de longues heures par les télévisions du monde entier, semblent leur donner raison. Mais la retransmission de tels événements, de même que celle de la guerre du Golfe (qui a donné lieu à la construction d'un « multiplex » permanent), obligent aussi à s'interroger sur les conséquences de cette « mise en correspondance généralisée ».

a. Une dictature de l'instant

Les premières d'entre elles sont internes à la sphère télévisuelle. Elles proviennent de cette « dictature de l'instant » qu'a imposée la télévision. Perçue comme un atout, la vitesse modifie en effet radicalement les conditions d'exercice de la parole journalistique.

- **Elle annule toute possibilité de vérification**, engageant certains journalistes, sous la pression de la concurrence, à avancer comme certains des faits ensuite infirmés. Des « bavures » de ce type, parfois à l'origine de rumeurs infondées, ont contribué à décrédibiliser la profession journalistique, comme le confirment de nombreux sondages.
- **Elle oblige d'autre part le commentateur, réduit à la situation du journaliste sportif, à ne fournir qu'un commentaire instantané** et sans aucun recul. C'est ce qu'a mis en évidence François Jost à propos de la télévisualisation en direct de la révolution roumaine (*Un monde à notre image. Énonciation, cinéma, télévision*, Paris, Méridiens-Klincksieck, 1993). Dans cette situation, le journaliste ne peut nullement se comporter en interprète des faits. Il ne peut que décrire ceux-ci, sans pouvoir les intégrer dans un récit organisé qui offrirait au spectateur des clés de compréhension de l'événement, pourtant montré d'abondance.
- **Elle encourage en dernier lieu des analyses « à chaud »**, délivrées par des experts présents sur le plateau qui ne peuvent bénéficier d'un temps toujours nécessaire de réflexion. Elle condamne donc ces locuteurs à émettre des hypothèses imprudentes ou sans pertinence.

b. Un présent perpétuel

Instaurée en modèle, cette information en « temps réel » est le fondement même des chaînes d'information en continu. La chaîne nord-américaine CNN a inauguré cette formule au milieu des années 1980. Elle a été imitée dans le monde par de nombreuses chaînes, appelées à se développer – en se spécialisant pour certaines (dans l'information économique notamment). Des analyses soulignent que ce type de discours informatif constitue une régression sur le plan de la connaissance.

S'inscrivant dans un présent perpétuel, il interdit de fait la reconstruction des causes des phénomènes observés. Tendu vers le futur, il oblige au contraire à des anticipations, nécessairement risquées, sur leurs conséquences.

c. Une priorité au visible

Un autre effet de cette primauté accordée au direct télévisuel est la transformation de la conception même de l'information, qui ne revêt dorénavant un intérêt et une valeur que si elle est « visible ». Observable quotidiennement, une conséquence de cet état de fait est la relégation, voire l'oubli total, de certains événements sur lesquels on ne dispose pas d'images. Et, inversement, la valorisation d'événements, mineurs de toute évidence, mais retenus par les télévisions du fait de l'existence d'images les illustrant. Le résultat final de cette situation est un retournement complet, dans les sommaires des journaux télévisés, de la hiérarchie des événements, mesurés à l'aune de leur rendement visuel.

C. DES EFFETS SUR L'ENSEMBLE DU SYSTÈME INFORMATIF

Ce modèle, dominant à la fin du XXe siècle, de l'information en direct et en continu a des effets plus généraux. Il a contribué, comme on le verra, à transformer la vie politique et sociale en lui imposant ses propres rythmes temporels (▶ **chapitre 14**). Mais il a aussi conféré à la télévision une position dominante dans le système médiatique, en obligeant presse et radio à se redéfinir par rapport à elle, tant dans leurs formes que dans leurs fonctions.

a. Un média de référence

On peut en prendre particulièrement conscience dans les moments de crise (changements de gouvernement, guerres), où, comme on le dit, « le temps s'accélère ». Durant ces périodes, c'est bien la télévision qui fixe les priorités et donne le ton. Elle force les autres médias à la suivre désespérément : la radio, mais surtout la presse, dont les produits sous cette accélération du temps se périment encore plus rapidement. Elle joue alors comme média de référence, imposant ses propres perceptions et condamnant les journalistes de la presse écrite à se référer dans leurs reportages aux images reçues.

b. Une presse transformée

Un autre effet de cette suprématie télévisuelle est la transformation des contenus et de la forme même des journaux de la presse écrite.

● En témoignent en premier lieu, y compris dans la presse généraliste :
– l'importance prise dans ses colonnes par les rubriques télévisuelles, où s'accumulent des informations souvent dérisoires sur l'actualité des chaînes et la vie de leurs célébrités ;
– la multiplication de « billets » et de « chroniques » qui rendent compte du spectacle télévisuel, posé comme un « miroir du monde » et une expérience obligée pour tout citoyen ;

● **L'influence de la télévision sur la presse** est révélée aussi par l'importance sans cesse croissante accordée aux éléments visuels dans la mise en page des journaux, celle-ci se réappropriant un certain nombre d'effets empruntés à la rhétorique des images infographiques.

● **La prégnance du modèle télévisuel** est également perceptible dans les traitements rédactionnels, qui se calquent sur les formes du langage télévisuel en se soumettant à ses normes de « neutralité » énonciative et de brièveté. Exemplaire est à cet égard la tentative de lancement au début des années 1990 du quotidien français *InfoMatin.* Fondé sur un nombre réduit d'articles brefs et abondamment illustrés, il revendiquait explicitement une lecture « zappée » de l'actualité.

CONSEILS DE LECTURE

DAYAN D. et KATZ E., *La Télévision cérémonielle. Anthropologie et histoire en direct*, Paris, PUF, coll. « La politique éclatée », 1996.

« Le temps médiatique », *Recherches en communication*, Université catholique de Louvain, n° 3, 1995.

« Le temps de l'événement I », « Le temps de l'événement II », *Réseaux*, Paris, CNET, n° 76, 1996.

Les professionnels de l'information se présentent volontiers ou sont perçus comme de simples rapporteurs de réalités autonomes et spontanées. Mais celles-ci sont le plus souvent et de plus en plus « agencées » intentionnellement par les pouvoirs, les institutions et les individus.

A. UNE SOCIÉTÉ MÉDIATISÉE

a. Des « mises en scène de soi »

Cette conception d'un monde événementiel qui existerait indépendamment du regard médiatique repose sur une assimilation entre les réalités sociales et les réalités naturelles.

- Ces dernières (une explosion volcanique, par exemple) sont régies par des lois physiques, étrangères à toute intention humaine et sur lesquelles la présence d'un observateur n'a aucun effet. L'individu qui en est le témoin (et le média également) ne fait que porter sur elles un regard strictement « constatif ».
- Il n'en est pas de même des réalités sociales. Celles-ci sont le cadre de « mises en scène de soi » de la part des individus et des groupes, conscients du regard d'autrui et agissant en conséquence. Le fait peut se vérifier pour les situations quotidiennes et privées. Il est d'autant plus vrai pour toutes les circonstances de la vie publique, notamment pour celles relevant de la vie politique. Contrairement là aussi à une vision reçue, l'exercice du pouvoir ne s'appuie pas seulement sur la coercition ou l'obtention d'une adhésion rationnelle. Il obéit de vieille date aux « lois du spectacle ».

b. Une « instrumentalisation » réciproque

Les « rituels de représentation politique » tant décriés aujourd'hui ne sont donc pas nouveaux. Mais ils ont pris une tout autre dimension depuis une trentaine d'années en Europe (à la suite des États-Unis), où la vie politique est entièrement subordonnée à la loi des grands médias de masse. Relais obligés de toute parole politique, ceux-ci contraignent les responsables politiques à se conformer à leurs propres lois de fonctionnement.

- Ils les forcent, en les plaçant sous le contrôle des micros et des caméras, à se construire, à gérer ou à corriger des « images publiques », qui sont souvent en décalage avec les personnalités et les comportements effectifs des individus concernés. Ces responsables sont assistés pour ce faire par des conseillers en communication qui veillent à tous les paramètres (le « look », la voix, l'attitude, etc.). Ils sont même parfois poussés à déborder de leur rôle (une exhibition dans une émission de variétés, par exemple) pour entretenir une présence médiatique, devenue une condition de l'existence politique.

● Les médias enjoignent également aux responsables politiques de se conformer à leur propre temporalité. Se posant comme des relais de l'opinion publique mise en scène par des sondages constants, ils les placent sous la loi de l'urgence. Le fait est patent dans les situations de crise. Réunis précipitamment sur des plateaux pour débattre, les protagonistes sont invités à trouver rapidement des issues. Aggravée encore par l'hégémonie télévisuelle (▶ **chapitre 13**), la présence des médias précipite donc parfois des décisions prises « sous la pression » alors qu'elles nécessiteraient un temps supérieur de réflexion.

Discours politique et discours informatif ne sont donc pas étrangers l'un à l'autre. Ils sont interdépendants, journalistes et hommes politiques s'efforçant en permanence de « s'instrumentaliser » réciproquement. Accentuant encore la médiatisation de la vie publique, ce processus a profondément transformé les conditions d'exercice du pouvoir, de plus en plus soumis à une « **technologie des apparences** » (Georges Balandier).

c. Une nécessaire professionnalisation

Celle-ci est également de mise dans d'autres domaines de la vie sociale. Les causes humanitaires en premier lieu, qui n'ont accès à l'existence que si elles savent, là aussi au prix de savantes stratégies, se doter d'une visibilité médiatique. Les mouvements sociaux, qui doivent, pour aboutir, bénéficier d'un certain niveau et d'un mode de « couverture » par les médias qui leur soient favorables. La vie intellectuelle, scientifique et artistique enfin, sur lesquelles pèsent aussi ces exigences de présence dans les médias et de conformité à leurs lois.

C'est donc aujourd'hui l'ensemble des acteurs sociaux qui ont dû s'approprier les règles médiatiques pour promouvoir leur activité. Ils ont été conduits à « se professionnaliser » pour s'adapter à un nouveau stade de nos sociétés contemporaines, qui ne sont plus seulement **des sociétés « médiatiques » mais des sociétés entièrement « médiatisées »** (Eliseo Veron).

B. UNE PRESSION CONTINUE

a. Entreprises : une communication globale

Ces stratégies de communication à l'égard des médias qui ont cours dans la vie publique sont d'autant plus présentes dans la vie économique. Les entreprises n'ont plus en effet seulement recours à la traditionnelle publicité. La promotion des produits s'accompagne aujourd'hui d'une promotion de l'image de l'entreprise, à laquelle il importe d'associer des valeurs positives. Communication institutionnelle et communication publicitaire sont mises en harmonie dans le cadre de démarches de « **communication globale** », placées sous la responsabilité de directeurs de la communication (les « dircoms »), qui se sont vu reconnaître une place stratégique dans l'entreprise.

b. Abondance et rareté de l'information

- Pour promouvoir l'action de l'entreprise, les directions de la communication exercent une pression permanente sur les rédactions. Celle-ci est très insidieuse. Prenant la forme de *communiqués*, de *dossiers de presse*, de *conférences de presse*, de repas-rencontres, voire de *voyages de presse*, cette pression vise à alimenter en permanence les journalistes en informations flatteuses et contrôlées qu'ils n'ont pas le temps de vérifier, compte tenu de leur surabondance.
- Cette logique de « surinformation » s'inverse cependant brusquement dans les situations de crise, où les journalistes se trouvent alors confrontés à des formes de rétention ou d'opacification de l'information. On peut en prendre conscience lors de la survenue de certains accidents industriels qui impliquent d'énormes enjeux financiers. Les journalistes sont alors en quête d'informations mais celles-ci ne filtrent que très lentement.

c. Une dépendance

Ces démarches de mise sous dépendance des médias concernent en premier lieu la presse spécialisée, la presse professionnelle et la presse économique. Mais elles n'épargnent pas non plus la presse magazine et la presse généraliste, elles aussi dépendantes des ressources publicitaires que les entreprises sont prêtes à négocier pour prévenir des informations défavorables. Ce sont les mêmes mécanismes qui sont à l'origine de l'insertion de « publireportages » empruntant les formes de la neutralité journalistique pour mieux vanter les mérites des entreprises ou des institutions qui les ont financés ou négociés.

C. DE FRAGILES FRONTIÈRES

L'existence de ces énoncés hybrides attire l'attention sur la fragilité des frontières entre le discours informatif et le discours publicitaire, dont on a jusqu'ici souligné les différences. Tous deux résultent, comme on a pu le voir, de logiques et de pratiques professionnelles qui sont historiquement et déontologiquement distinctes. Mais ils entretiennent des relations permanentes fondées sur des échanges et des influences réciproques (un titre choc, un slogan informatif).

Cette observation conduit en conséquence à s'interroger sur l'opposition qui est faite par les journalistes entre « information » et « communication », présentées comme des entités autonomes, étrangères l'une à l'autre. On ne retrouverait en effet la première, comme le remarque Daniel Bougnoux, que dans « un message qui s'en tient aux faits, nettoyé de rhétorique autant que de convenances, de prévenances ou de connivences » (*La Communication par la bande*, 1991). Ce qui est le cas, bien sûr, dans un support médiatique, de rares éléments comme la date ou encore d'autres informations totalement neutralisées comme les horaires des cinémas. Mais ce qui écarte les autres messages médiatiques, publicitaires ou informatifs, qui se proposent tous, par-delà leurs différences, d'influencer et de séduire leurs destinataires. **L'information qu'ils contiennent (le *contenu*) s'y trouve subordonnée à un impératif de captation (de *relation*), qui la remet en cause. Et qui va parfois jusqu'à l'évacuer totalement, comme dans certaines situations de direct télévisuel (▶ chapitre 13), réduisant la communication établie à un pur « contact ».**

CONSEILS DE LECTURE

BALANDIER G., *Le Pouvoir sur scènes*, Paris, Balland, coll. « Fondements », 1991.

BOUGNOUX D., *La Communication contre l'information*, Paris, Hachette, coll. « Questions de société », 1995.

CHAIZE D. et TIXIER G., *Les Dircoms. A quoi sert la communication ? Enquête*, Paris, Éd. du Seuil, 1993.

ZÉMOR P., *La Communication publique*, Paris, PUF, coll. « Que sais-je ? », 1995.

15 DE PROFONDES TRANSFORMATIONS

Sous la poussée de facteurs technologiques, la communication médiatique connaît et va connaître à la fin du XXe siècle des transformations radicales. La technologie *numérique* abolit en effet les frontières entre les médias traditionnels, progressivement intégrés dans des réseaux véhiculant texte, son et images sous forme numérisée. Elle est aussi à l'origine de types d'images inédits qui induisent une nouvelle relation avec leur spectateur.

A. DE L'ÉCRIT À L'ÉCRAN

Ces mutations techniques concernent en premier lieu la presse écrite.

a. Une contraction des tâches

L'entrée de l'informatique dans les salles de rédaction a profondément transformé depuis le début des années 1980 la chaîne de fabrication des journaux. De plus en plus « sédentarisés », les journalistes sont conduits à assumer un ensemble de tâches (la saisie des textes, la mise en page) traditionnellement assurées par d'autres corps de métiers.

Alimentés en dépêches qui viennent en permanence s'inscrire sur leurs écrans, ces journalistes sont de plus en plus poussés en vertu de la dictature du « temps réel » (▶ **chapitre 13**) à simplement retranscrire ou à réaménager des textes dont ils ne sont plus les auteurs.

b. Une presse électronique

● Grâce au développement des « autoroutes de l'information », les journaux de presse écrite sont en mesure de proposer aujourd'hui à leurs lecteurs des « éditions électroniques » consultables « en ligne » sur le réseau Internet. Cette innovation constitue, techniquement, un progrès par rapport aux tentatives de formules consultables sur Minitel qui ont été expérimentées sans grand succès en France par quelques journaux. La banalisation des ordinateurs multimédias autorise en effet la présentation en « haute définition » d'illustrations et de graphiques qui viennent compléter le texte. La technique de l'hypermédia permet de plus au lecteur d'obtenir des versions personnalisées de son journal grâce à la sélection par mots clés de sujets précis. Celui-ci peut aussi, en fonction de ses centres d'intérêt, accéder à des banques de données complétant sa lecture ou encore établir un contact immédiat avec le rédacteur de l'article à qui il peut faire part de ses réactions (voire avec d'autres lecteurs avec qui il peut engager un dialogue).

- A côté de ces journaux électroniques, sont proposés également sur le réseau Internet des systèmes de diffusion automatique d'informations. Les premiers impliquent que le lecteur recherche son information par un processus de « navigation » (technique du *pull*, selon l'expression nord-américaine). Les derniers reposent au contraire, à l'image de la presse et de la télévision traditionnelles, sur un mode de fonctionnement unilatéral et hiérarchisé. Ils « poussent » en effet (principe du *push*) l'information sur le destinataire, qui n'a qu'à se connecter pour recevoir des informations actualisées en fonction de la survenue ou de l'évolution des événements.
- Ce mouvement d'intégration entre les médias traditionnels n'est en rien unilatéral puisqu'on voit maintenant des opérateurs de télévision proposer à leurs clients des prestations offertes jusqu'à présent par des journaux de presse écrite. C'est le cas par exemple de CNN Interactive, filiale de la chaîne de télévision internationale CNN, qui offre aux « internautes » des versions personnalisées d'un journal multimédia (associant les ressources de l'image fixe, de l'image animée et du texte). Cette initiative n'est pas sans conséquences sur le plan économique puisque, grâce aux ressources de la publicité et du *sponsoring* (parrainage), ces produits sont proposés gratuitement, à la différence des journaux électroniques mis en œuvre par les groupes de presse écrite.

c. Un autre mode d'appropriation de l'information

Ces innovations ne sont pas négligeables. Elles ne signent pas de toute évidence la mort du support écrit, qui devrait résister longtemps. Mais elles permettent à ce média traditionnel de réduire son écart temporel (▶ **chapitre 8**) par rapport aux médias audiovisuels tout en introduisant une dimension interactive, absente ou réduite jusque-là à sa plus simple expression. On peut s'interroger ainsi sur la mutation que constitue ce déplacement sur écran de l'écrit journalistique. **Ce changement de modalité de diffusion** peut accroître en effet, du côté de la production, le processus de normalisation des formats et des formes d'écriture des messages du fait d'un impératif de temps, nécessairement réduit, de délivrance de l'information et d'une contrainte d'espace, limité par les dimensions des écrans. Mais à entendre certains chercheurs comme Pierre Lévy, il inaugure peut-être **une nouvelle ère de la communication**, « car ce texte dynamique reconstitue, mais autrement et à une échelle infiniment supérieure, la coprésence du message et de son contexte vivant qui caractérise la communication orale » (*Qu'est-ce que le virtuel ?*).

d. La fin du journalisme ?

Cette évolution (probablement très lente) vers une électronisation de la presse écrite invite cependant d'autres spécialistes à nous mettre en garde contre les possibles conséquences de ces nouvelles technologies de l'information (NTI) **sur la fonction et le statut de l'acte journalistique**.

- Comme le remarque Frédéric Antoine, les NTI pourraient contribuer à terme à « remettre en cause **la nature "médiatrice"** du travail des professionnels de l'information, dont le rôle théorique relève davantage de la "refiguration" (du repositionnement) que de la figuration de l'événement, comme le rappellent les réflexions de Paul Ricœur » (*Les Nouvelles Technologies de l'information viendront-elles à bout du journalisme ?*, Université de Louvain, 1996).
- Mais c'est aussi, et plus généralement, le statut même du discours informatif qui peut se voir redéfini par ces nouveaux supports. Véhiculé par des supports matériels et autonomes, celui-ci était jusque-là un élément central de la communication sociale. Cette intégration dans des réseaux multimédias peut le réduire à n'être **qu'une composante parmi d'autres d'une « économie générale de la communication »** (Bernard Lamizet, « Une nouvelle communication : l'écran entre le texte et l'image », *Quaderni*, n° 8, 1988), conférant aux différents énoncés un statut de simples *documents*.

B. LA FIN DE LA TÉLÉVISION ?

a. Médias identitaires et espace public

La technologie numérique a également contribué à transformer le paysage télévisuel. La mise au point d'un système de « compression des données » autorise désormais une multiplication des canaux, déjà offerts en très grand nombre au téléspectateur par le biais d'abonnements à des réseaux câblés ou à des « bouquets numériques ».

Cette évolution vers une **télévision thématique** qui concurrence de plus en plus **la télévision généraliste** n'est pas sans incidences sociales.

● Faisant éclater les pratiques collectives de réception au sein des cellules familiales et plus généralement dans la société, elle ne peut que renforcer aux yeux de certains chercheurs (Dominique Wolton, *Éloge du grand public. Une théorie critique de la télévision*, Paris, Flammarion, coll. « Champs », 1990) **le mouvement « d'individualisation »** qui affecte celle-ci. Dans cette perspective, elle peut aussi amplifier :

– le **repli identitaire** de communautés ethniques, culturelles ou religieuses, recentrées sur des médias identitaires. C'est le cas déjà aux États-Unis, où des groupes ethniques (« latinos », Asiatiques) possèdent leurs propres canaux qui diffusent un ensemble d'émissions dans les langues d'origine ;

– **la « fermeture sur soi »** de « communautés électives » reliant des individus partageant des goûts ou des pratiques.

● Plus optimiste, un chercheur comme Daniel Dayan relève que « ces médias identitaires ne sont pas toujours les instruments d'une sécession ». Il note qu'ils contribuent à la constitution de « **micro-espaces publics** », mais doute que ceux-ci puissent rester étanches et autonomes, considérant au contraire qu'« on peut s'attendre à ce que les valeurs et les modèles fonctionnels qui prévalent dans le plus large espace public infiltrent le plus restreint » (« Médias et diasporas », *Cahiers de médiologie*, n° 3, 1997).

b. Une intégration des différents supports

La technologie numérique autorise par ailleurs l'apparition de certaines formes d'interactivité offrant au téléspectateur pour un même programme le choix entre plusieurs options, des sortes de « télé-achat » ou de commande individualisée de programmes.

● Comme pour toutes les innovations technologiques, on peut légitimement s'interroger sur le développement de ces nouveaux services, confrontés à la logique des usages sociaux (Patrice Flichy, « La question de la technique dans les recherches sur la communication », *Sociologie de la communication*, Paris, CNET, 1997). Mais l'intégration numérique des différents médias devrait cependant modifier profondément le statut du téléviseur, laissant place à un **unimédia numérique interactif** cumulant les fonctions de magnétoscope, d'ordinateur, voire de téléphone devenu « visiophone ». Un tel processus préfigure donc à terme la **fin de la traditionnelle distinction entre les trois supports médiatiques**.

• Cette évolution technique mérite attention car elle peut induire aussi une progressive dilution des clivages entre des types d'activités traditionnellement distinguées dans les représentations et les pratiques sociales comme l'information et la publicité, ou encore l'éducation et le divertissement. En témoigne l'apparition dans les lexiques professionnels de néologismes comme *advertorials* (contraction de *advertising* et *editorials*), *infomercials* (*information* et *commercials*), *infontainment* (*information* et *entertainment*), alors que commence à se propager le terme *edutainment.*

c. Vers une « communication-monde »

Cette intégration technique des supports est d'autant plus préoccupante qu'elle s'accompagne de leur intégration dans des **macroréseaux étendus à l'échelle mondiale.** C'est cette évolution, déjà bien engagée, qui conduit certains chercheurs à s'interroger sur les conséquences de la mise en place progressive d'une « communication-monde » (Armand Mattelart).

• **Mené pour l'essentiel sous l'égide des lois du marché**, ce mouvement de « globalisation » s'accomplit sous la conduite de grandes firmes multinationales et multimédias qui, à de rares exceptions près, sont issues des pays occidentaux à haut niveau de développement. Rachetant des journaux ou des canaux existant ou en créant de nouveaux, ces groupes sont à l'origine de la constitution d'« empires médiatiques » occupant parfois des positions ultradominantes dans certains pays. Cette évolution est également sensible dans le domaine publicitaire, marqué par ce mouvement de concentration et dont le marché est lui aussi dominé par de grands groupes à dimension internationale.

Certains observateurs nous alertent ainsi sur les dangers :

– **d'un maintien, voire d'une accentuation des inégalités** en matière d'échange d'information et de culture entre les pays industriels producteurs de programmes et les nations en voie de développement ;

– **d'une hégémonie culturelle** des pays producteurs (en premier lieu les États-Unis), qui imposent aux pays dominés leurs valeurs et leurs modes de vie ;

– du développement **d'un « journalisme de marché »** (Serge Halimi) qui abdique sa fonction critique, pour ne plus reproduire que les présupposés d'une « pensée unique ».

• D'autres chercheurs, comme Armand Mattelart, prolongent

cette réflexion en insistant sur les risques **d'extériorisation de la mémoire** que signifie l'expansion des réseaux numériques. Il remarque que « les systèmes de structuration du sens par numérisation des savoirs sous-tendent un modèle culturel qui risque d'imposer comme critère d'universalité un mode particulier de penser et de sentir sous le couvert d'une nouvelle rationalité technique (« Vers une communication-monde », *Sciences humaines*, hors-série, 1997).

- A ces perceptions s'oppose la vision d'autres spécialistes, tel Serge Proulx, qui mettent en avant les capacités de résistance des individus et des cultures à ces messages exogènes, qu'ils peuvent se réapproprier de façon critique (▶ **chapitre 3**). Ils soulignent l'existence et le renforcement de réseaux internationaux de médias communautaires (dans le domaine des radios, de la vidéo, de la télévision et de l'informatique), qui développent des logiques autres face au mouvement général de globalisation de l'information et de la communication (« L'individu face à la mondialisation », *Sciences humaines*, hors-série, 1997).

C. DU RÉEL AU VIRTUEL

Le numérique est enfin à l'origine de « nouvelles images », qui, en se banalisant, sont susceptibles de modifier notre rapport au réel.

a. Images de synthèse-images analogiques

Par le biais du langage informatique, il est en effet possible de faire apparaître aujourd'hui *ex nihilo* des *images de synthèse* sur les écrans. Introduisant une rupture dans l'histoire des représentations visuelles, ces images sont très différentes dans leur genèse des *images analogiques* (peinture, photographie, cinéma, télévision traditionnelle). Elles ne résultent pas en effet comme celles-ci d'une interaction physique (celle du pinceau sur la toile, de l'empreinte de la lumière sur la pellicule photographique…). Elles sont la manifestation sensible d'une opération logico-mathématique qui affecte des valeurs de luminosité de couleurs, de formes, à des *pixels* (points) pour donner existence à des représentations figuratives dont le très haut niveau de *définition* est saisissant.

b. Une déréalisation ?

Ce très haut niveau de réalisme des images (fixes ou animées) suscite des inquiétudes, nourries par l'apparition de certaines « bavures médiatiques » (photos ou images de télévision retouchées), qui accréditent les risques d'un accroissement des pratiques de **falsification du réel**.

- Comme l'explique Philippe Quéau, avec la banalisation de cette technique « il deviendra de plus en plus difficile de distinguer ce qui est vraiment réel et ce qui est vraiment virtuel, car le virtuel a vraiment vocation à s'hybrider avec le réel, à constituer une nouvelle réalité composite » (« La pensée virtuelle », *Réseaux*, Paris, CNET, n° 61, 1993). Perdant son statut *indiciel*, *l'image virtuelle* permet donc, théoriquement, toutes les formes de manipulation en plaçant son spectateur face à une troublante incertitude. Facteur aggravant d'un processus de « déréalisation » suggéré par les travaux de Jean Baudrillard (*Le Crime parfait*, Paris, Galilée, 1995), sa banalisation pourrait donc accentuer encore **la « mise en doute » qui s'exerce à la fin de ce siècle à l'égard du discours médiatique**.
- Cette vision se heurte cependant à d'autres théorisations comme celle de Pierre Lévy, qui analyse le virtuel tel « un mode d'être fécond et puissant, qui donne du jeu au processus de création, ouvre des avenirs, creuse des puits de sens sous la platitude de la présence physique immédiate » (*Qu'est-ce que le virtuel ?*). Dénonçant les perspectives catastrophistes qui ont accompagné toutes les révolutions techniques, il voit dans ce mouvement, qui déborde largement le cadre de la communication médiatique, une prometteuse mais somme toute banale « **poursuite de l'hominisation** ».

CONSEILS DE LECTURE

LÉVY P., *Qu'est-ce que le virtuel ?*, Paris, La Découverte, coll. « Sciences et société », 1997.

MATTELART A., *La Mondialisation de la communication*, Paris, PUF, coll. « Que sais-je ? », 1996.

Approches de la mondialisation, Actes du colloque de Bordeaux, Paris, Economica, 1997.

« Anciennes nations, nouveaux réseaux », *Cahiers de médiologie*, Paris, Gallimard, n° 3, 1997.

« Écrit/écran », *Quaderni*, Paris, n° 8, 1989.

RÉALISATION : ATELIER GRAPHIQUE DES ÉDITIONS DE SEPTEMBRE À PARIS
IMPRESSION : AUBIN IMPRIMEUR À POITIERS
DÉPÔT LÉGAL JANVIER 1998. N° 30867 (L55112)